CB078100

SEIS FUNDAMENTOS DO SUCESSO PROFISSIONAL

STUART R. LEVINE

SEIS FUNDAMENTOS DO SUCESSO PROFISSIONAL

96 dicas de um grande consultor para dar uma nova perspectiva para sua carreira e sua vida

2ª Edição

SEXTANTE

Publicado originalmente com o título:
The Six Fundamentals of Success
Copyright © 2004 por Stuart Levine e Associates LLC
Copyright da tradução © 2005 por GMT Editores Ltda.
Todos os direitos reservados.
Publicado em acordo com a Currency Books/The Doubleday Broadway Publishing Group, uma divisão da Random House, Inc.

tradução
Rosane Neves

preparo de originais
Tomás da Veiga Pereira

revisão
Ana Lucia Gusmão C. Machado
Luis Américo Costa
Sérgio Bellinello Soares

projeto gráfico e diagramação
Valéria Teixeira

capa
Miriam Lerner

fotolitos
RR Donnelley

impressão e acabamento
Bartira Gráfica e Editora S/A

CIP-BRASIL. CATALOGAÇÃO-NA-FONTE
SINDICATO NACIONAL DOS EDITORES DE LIVROS, RJ

L645s Levine, Stuart R.
Seis fundamentos do sucesso profissional / Stuart R. Levine [tradução Rosane Neves]. – Rio de Janeiro: Sextante, 2005.

Tradução de: The six fundamentals of success
ISBN 85-7542-196-4

1. Administração de empresas. 2. Comportamento organizacional. 3. Psicologia industrial. 4. Relações humanas. 5. Comunicação interpessoal. 6. Clientes – Contatos. 7. Sucesso nos negócios. I. Título.

CDD 658
05-2978. CDU 65

Todos os direitos reservados, no Brasil, por
GMT Editores Ltda.
Rua Voluntários da Pátria, 45 – Gr. 1.404 – Botafogo
22270-000 – Rio de Janeiro – RJ
Tel.: (21) 2286-9944 – Fax: (21) 2286-9244
E-mail: atendimento@esextante.com.br
www.sextante.com.br

Para Harriet.
É um privilégio compartilhar
meu trabalho, minha vida e
meu amor com você.

Para Jesse e Elizabeth.
Obrigado pelo seu apoio.
Vocês são uma fonte constante
de alegria e orgulho.

AGRADECIMENTOS

Agradeço à minha agente literária, Martha Jewett, e a Anne Cole e Roger Scholl, da Doubleday, pelo seu extraordinário conhecimento profissional e comprometimento. Gostaria também de agradecer a Sally Allen por trazer uma energia fantástica ao livro e por sua dedicação implacável para disponibilizá-lo para o leitor. A contribuição contínua de Larry Tarica a este livro define o conceito de amizade.

Este livro reflete a percepção, a inteligência e o entusiasmo das pessoas relacionadas a seguir, que compartilharam suas experiências pessoais e profissionais comigo e com a minha equipe e nos apoiaram durante todo o desenvolvimento do livro: Tom Allen, Mark B. Anderson, Ton J. de Boer, Michael J. Dowling, Brendan Dugan, Kerry Edwards, Russell R. Esposito, P. J. Forcino, Colleen Giammanco, Judy Gray, Joyce Harvey, Norman Harvey, Scott Hirsch, John Adam Kanas, Jim Karagiorgis, Regina A. Keller, Stanley Klausner, M.D., Jack Leahy, Michael J. Leckie, Scott M. Lunski, Marge Magner, Ron Malone, Burt Manning, Tom McAteer, Jr., David Neeleman, Thomas Ockers, Christopher J. L. O'Connell, James L. Orsini, Elizabeth R. Plonski, Professor John Quelch, Robert G. Reiss, David Scordato, Philip J. Shapiro, Greg Smith, Gary Steinkohl, Walter Timoshenko, Edward Travaglianti, Raymond S. Troubh, David "Doome" Waldron, Barry Warren, Samuel N. Wender, Nancy Westbrook, Josh Weston e Aline Wolff.

SUMÁRIO

INTRODUÇÃO

Existem algumas coisas na vida que não podemos controlar: recessões, cortes, demissões. Mas fazer nosso trabalho da melhor forma possível não está nessa lista – só depende de nós. Não importa em que estágio da carreira você esteja – buscando uma promoção, tentando se destacar, começando um novo negócio –, este livro ajudará você a conseguir resultados e agir de forma rápida e eficiente.

Eu trabalho com presidentes de empresas sete dias por semana, ouço-os falarem de seus desafios e assisto em primeira mão aos seus sucessos. Descobri que os seis fundamentos que identifico neste livro são úteis para qualquer pessoa, não importa o cargo que tiver.

Nos negócios é comum haver uma lacuna entre a concepção e a conclusão de um projeto. Sobram idéias, mas falta execução. Esse é o ponto central do meu trabalho de consultoria e um dos principais focos de *Seis fundamentos do sucesso profissional*.

Reuni quase cem regras nas páginas deste livro, resultado de trinta anos de trabalho com gerentes e executivos. Organizei-as sob a égide dos Seis Fundamentos, que acredito serem os alicerces do sucesso empresarial.

A aplicação dessas regras requer disciplina. São fáceis de entender, mas difíceis de praticar com regularidade. Quando estamos aprendendo a fazer algum exercício físico, precisamos repeti-lo várias vezes até nossos músculos começarem a se lembrar dele. Isso se chama memória do músculo. Atletas e técnicos conhecem muito bem esse fenômeno. Eles treinam os fundamentos do esporte para que, durante a competição, os músculos do atleta "lembrem" o que devem fazer, permitindo que o atleta se concentre apenas na execução.

Incorpore uma estratégia semelhante para se lembrar dos fundamentos profissionais. Institua um treinamento diário. Escolha duas regras e concentre-se nelas durante um mês. Depois escolha mais duas.

Não importa se você trabalha para uma fábrica de papel, uma empresa da área de saúde, uma loja ou um escritório de advocacia. Se você treinar os fundamentos, acabará por internalizá-los e poderá usufruí-los ao máximo, mesmo quando estiver distraído ou pressionado.

Gostaria muito de saber sobre as suas experiências na aplicação desses conceitos. Envie um e-mail para fundamentals@stuartlevine.com ou visite o site www.stuartlevine.com.

STUART R. LEVINE

FUNDAMENTO 1

Agregue valor

Agregar valor a uma empresa significa elevar seu valor e sua capacidade de servir aos clientes. O valor de uma empresa está ligado a seu potencial de lucro. Por isso, quando você ajuda a empresa a se tornar mais lucrativa, está agregando valor. E, se você agregar valor, será mais valioso para a empresa.

Você pode aumentar o valor da sua empresa de quatro maneiras: ajudá-la a vender mais, cortar custos, vender a preços mais altos e melhorar a qualidade final. Tudo isso demanda equilíbrio porque, se você cortar custos indiscriminadamente, poderá baixar a qualidade a ponto de perder clientes.

É possível agregar valor em qualquer nível. Na verdade, geralmente estamos em uma posição privilegiada para fazer isso. Certa vez, uma garçonete de uma grande cadeia de restaurantes sugeriu uma modificação que eliminou um cargo que fazia apenas uma ligação entre os garçons e a cozinha, gerando uma economia de meio milhão de dólares. Ela pôde fazer isso porque vivia na linha de frente. Os funcionários do escritório nunca conseguiriam enxergar isso. Esse tipo de informação é vital para uma empresa.

O meio mais seguro de agregar valor todos os dias é garantir que pelo menos parte do seu trabalho diário contribua para os objetivos fundamentais da empresa. Se você destinar diariamente parte do seu tempo a esses objetivos, com certeza estará agregando valor.

Para fazer com que a agregação de valor se torne parte do seu comportamento e de suas ações diárias:

- Procure saber como sua empresa cria valor para o cliente e como você se encaixa nesse esquema.
- Entenda como sua empresa ganha e gasta dinheiro.
- Concentre-se no que é importante para agregar valor.
- Interesse-se pelos clientes.
- Aperfeiçoe continuamente suas habilidades a fim de encontrar novas formas de agregar valor.
- Proponha e teste novas idéias.

Veja o cliente como uma pessoa

O valor do seu trabalho está diretamente relacionado com a forma como você agrega valor para o cliente. Quem é o cliente e o que ele deseja? A que necessidades sua empresa atende? Como é a vida do seu cliente?

Por exemplo, se você faz o faturamento de um centro de saúde cardíaca, seus clientes deverão ter mais de cinqüenta anos. Provavelmente eles têm filhos que se preocupam com eles e netos que os querem por perto ainda por muito tempo. Peça à sua equipe para pensar em pessoas de suas famílias que se encaixem nesse perfil. Como sua irmã ou seu pai se sentiriam ao entrar no centro de saúde cardíaca? Como o seu trabalho melhora ou piora as coisas para essa pessoa?

Comece a partir do momento em que o cliente recebe o seu produto ou serviço, faça o raciocínio contrário e veja o que foi necessário para fornecê-lo. Onde você se encaixa? Quem depende da sua equipe? O que acontece se você se atrasar? Como isso afeta os outros departamentos? Como isso afeta o cliente?

Se você e a sua equipe souberem como a contribuição de vocês se encaixa no processo, será mais fácil ver o valor do seu trabalho. O importante é que as pessoas dêem o melhor de si. Faça o mesmo.

Conheça o seu segmento

Conheça o negócio em que você trabalha e a posição da sua empresa nele.

1. Leia revistas de negócios e a seção de economia dos jornais, assista aos programas especializados e mantenha-se atualizado sobre as tendências econômicas que possam ter impacto sobre o seu setor. Não ignore as tendências globais, pois elas também afetam sua empresa.

2. Leia as publicações comerciais do seu ramo, mesmo que precise pegar emprestado com seu chefe.

3. Ao conversar com clientes e fornecedores, escute o que eles têm a dizer.

Tire alguns minutos toda manhã para analisar as notícias e captar as tendências mais importantes. Se vir um artigo que possa interessar a um colega, destaque as informações pertinentes e envie-o para ele. Acrescente uma nota dizendo como você acredita que aquele texto pode ser útil (especialmente se o destinatário for seu chefe ou um cliente). Chamar a atenção das pessoas para o que é relevante ajuda os outros e mostra o seu grau de conhecimento. Elas formarão uma imagem diferente e melhor de você.

À medida que você se informar e conversar com pessoas do seu segmento, desenvolverá um embasamento mais completo sobre as profundas implicações de eventos e ações. Além disso, conforme seu conhecimento sobre o setor for se expandindo, sua perspectiva ampliada ajudará você a tomar mais rapidamente melhores decisões.

Aja como se fosse o dono

Empresários bem-sucedidos costumam dormir mal. Como são donos do próprio negócio, eles sempre têm uma visão mais abrangente. Mas ainda assim deixam passar alguns detalhes. Por exemplo, eles estão sempre pensando nos clientes. Tendem a querer saber tudo o que está acontecendo em vez de pensar: "Esta não é minha função." Eles formam equipes sólidas e cuidam bem do seu pessoal porque observam em primeira mão o impacto que seus funcionários causam no cliente. E estão sempre em busca de novas realizações.

Para obter sucesso em seu trabalho, pense como um empresário. Deixe-me dar um exemplo. Um dia, uma equipe que fatura US$ 750 milhões por ano estava fazendo uma revisão de rotina dos cheques que saíram. Alguém notou que eles tinham pago vinte dólares a mais a um fornecedor. A maioria da equipe achou que não valia a pena perder tempo correndo atrás do erro. Mas um dos funcionários resolveu verificar os arquivos do fornecedor. Ele descobriu que, na realidade, eles tinham pago cerca de US$ 100 mil a mais a esse fornecedor nos últimos seis meses. Esse funcionário estava pensando como um empresário.

Grandes empresas são compostas de pequenas empresas. Gerencie a sua unidade como se fosse uma pequena empresa. Considere o sucesso dela como seu. Pense e aja como dono.

Trabalhe com espírito de urgência

Todos os dias há coisas importantes em jogo: os objetivos da empresa, o desempenho do seu departamento, o relacionamento com os clientes. Trabalhe rápido, dê duro e faça o máximo que puder da melhor forma possível.

No entanto, urgência não é uma mania. Não faça o trabalho às pressas só para tirá-lo da sua frente. Esforce-se para produzir um alto padrão de qualidade. Deixe que o seu espírito de urgência provenha de uma paixão genuína por entregar algo de valor ao seu cliente, à sua equipe ou ao seu trabalho. A urgência deve ser aliada ao orgulho de fazer as coisas bem-feitas.

Trabalhar dessa forma estimula você e as pessoas que trabalham ao seu lado. Você terminará o dia com a sensação de que conseguiu realizar muito.

Aumente suas chances de ser promovido

Para ser promovido é necessário que você já tenha desenvolvido as qualificações necessárias para o trabalho que almeja. Assuma voluntariamente cada vez mais responsabilidade. Aprenda o máximo que puder com as pessoas que já trabalham nessa posição, fazendo-lhes perguntas ou oferecendo-se para ajudá-las. Provavelmente elas ficarão contentes com o seu interesse e a sua colaboração. Elas podem ser aliados fundamentais para a sua promoção quando chegar a hora.

Consiga o apoio de seu chefe ajudando-o a atingir os objetivos dele. Na busca por sua promoção, não lhe dê motivos para pensar que você não está interessado em fazer um bom trabalho na função atual. Você precisará do apoio dele para conseguir o cargo que deseja, e, se não estiver fazendo direito o seu trabalho, é claro que não será promovido. Por isso, não coloque sua função atual em segundo plano e deixe seu chefe satisfeito. Lembre-se de que esse ainda é o seu trabalho.

Se possível, treine a pessoa que provavelmente substituirá você. Se deseja ser promovido, deixe claro para os responsáveis pelas decisões na empresa que você encontrou alguém para substituí-lo. Não tente parecer indispensável. Não é dessa forma que as coisas funcionam. Ao preparar seu sucessor, você poderá ser promovido.

Crie seu próprio painel de desempenho

Como você sabe se está no caminho certo para atingir seus objetivos? Você precisa de um sistema para garantir que chegará lá. Imagine o painel de um carro. Há instrumentos e indicadores que informam quando há algum problema com as principais funções. O tanque está quase vazio? O motor está quente demais? Você está correndo muito? Esse "instantâneo" de informações serve para monitorar o desempenho do carro e aponta a necessidade de reparos antes que o carro quebre. Projete um painel para o seu desempenho no trabalho. Use-o para verificar se você está onde gostaria neste trimestre do ano.

Defina objetivos que você consiga realizar dentro de um período de tempo. É fundamental que eles possam ser avaliados e tenham um tempo determinado. Você os cumpre ou não dentro do tempo definido. A única exceção são os "objetivos de aprendizagem", como técnicas de apresentação, que podem ser mais difíceis de avaliar.

Discuta seus objetivos com seu supervisor. Peça-lhe para verificar se estão de acordo com a forma como ele avaliará seu desempenho. Caso você tenha estabelecido objetivos de aprendizagem, inclua-os para enfatizar a importância deles no seu desenvolvimento profissional. Veja a seguir alguns exemplos.

Até o final deste trimestre:

- Aumentar a produtividade no atendimento a pedidos de clientes em 10%.
- Reduzir os custos de transporte em 15%.

- Aprimorar técnicas de venda, de apresentação e de gerenciamento de reuniões (objetivos de aprendizagem).

Obtenha as informações necessárias para certificar-se de que está fazendo progressos rumo à sua meta. Se notar que está ficando para trás, aumente o ritmo ou reavalie o caminho que está tomando.

Avaliando suas realizações, você não apenas trabalha melhor como comunica melhor o seu progresso ao seu chefe – a pessoa que define seu salário e seus bônus. Nunca suponha que seu chefe sabe o que você está fazendo. Informe seus resultados a cada trimestre.

Saiba o que está no painel do seu chefe

Ajudar seu chefe a alcançar os objetivos dele é importante para sua carreira. E também para o seu emprego. Ao planejar seu painel de desempenho, inclua pelo menos um objetivo que atenda diretamente a uma das metas do seu chefe. Mesmo que ele não tenha um painel formal, o desempenho dele está sendo avaliado. Quando você revisar seu painel, pergunte como o desempenho do seu departamento é avaliado e qual a meta que o seu chefe precisa atingir.

Eis um exemplo. Em uma cadeia de lojas foi escolhida uma nova presidente para reverter o mau desempenho financeiro da empresa. Ela trabalhou com a equipe de diretores para definir várias iniciativas. Sua sobrevivência a longo prazo dependia de sua capacidade de avaliar o progresso de cada loja. O diretor financeiro entendeu o desafio e estipulou que um de seus objetivos seria readaptar o sistema de informes financeiros a fim de que a presidência pudesse obter as informações de que necessitava para tomar decisões melhores e mais rápidas. Essa iniciativa permitiu que ela tomasse medidas que economizaram US$ 50 milhões para a empresa naquele ano.

Se você tem funcionários que se reportam a você, informe-lhes seus objetivos para que eles possam ajudá-lo a alcançar suas metas.

Solicite feedback e valorize-o

Receber feedback é uma oportunidade de aprendizado importante. É grátis, específico e adaptado às suas necessidades. Mas também é difícil de aceitar.

Por que isso? Veja o outro lado da equação. Como você se sente quando faz uma crítica construtiva? A maioria das pessoas receia dar um feedback negativo tanto quanto as pessoas temem recebê-lo. A pessoa a quem ele é dirigido pode ficar na defensiva. Você pode pensar então: "Se ele não está ouvindo mesmo, por que vou me preocupar?" E você registra mentalmente que nunca mais irá se aproximar dessa pessoa para lhe dar feedback.

Quando for você a receber o feedback, lembre-se de que a outra pessoa também está em uma situação desconfortável. Mostre que você percebe como ela está incomodada. Quando alguém lhe der feedback, agradeça sinceramente. A pessoa saberá que você está prestando atenção no que ela tem a dizer.

Se você discordar, em vez de ficar na defensiva, diga: "Obrigado por me dizer isso. Prometo que vou pensar no assunto." E faça isso realmente. Muitas vezes é preciso se distanciar da questão para analisar o comentário com mais clareza. De qualquer forma, encerre o assunto deixando-o à vontade para fazer outros feedbacks no futuro.

Profissionais confiantes estão sempre abertos para feedbacks bem-intencionados. Isso fortalece as relações e ajuda você a crescer.

Crie um plano

Todo ano, crie um plano pessoal que mostre o que você precisa fazer nos próximos 12 meses. Certifique-se de que o plano está em sincronia com os objetivos do seu painel e com as expectativas do seu chefe para a equipe. Divida os objetivos em metas de ação mensais. Se a sua equipe estiver envolvida, peça a opinião de todos os membros ao definir essas metas.

No início de cada mês, crie um miniplano operacional que mostre o que você precisará fazer para cumprir as metas mensais. Organize-o de acordo com as prioridades. Em seguida, elabore um cronograma e, por último, crie uma lista detalhada de tarefas para a próxima semana. Integre essa lista à sua agenda ou organizador pessoal sempre no mesmo lugar. No domingo à noite, crie uma lista detalhada para a semana.

Toda noite, antes de sair, revise a lista com as tarefas daquele dia e risque o que você já fez. Reprograme o que não conseguiu concluir, acrescente novas tarefas que surjam e revise a lista do dia seguinte e da semana.

Quando começar a se sentir assoberbado de tarefas, reveja o que executou nas últimas quatro semanas. Planejar o futuro próximo e controlar o seu progresso dia a dia e semana a semana ajudará você a realizar mais e a avançar de forma constante rumo a um objetivo maior.

Faça primeiro o que é mais importante

"Quem não chora não mama", diz o ditado. Mas seis e-mails e dez mensagens no correio de voz não fazem com que uma decisão ou um projeto seja necessariamente o assunto mais importante na sua agenda do dia.

Os bons profissionais sabem identificar o que é realmente importante e o fazem em primeiro lugar. Pegue a sua lista de tarefas e classifique cada item. Use um I para coisas importantes e um N para as que não podem ser adiadas (use os dois se o item for importante e inadiável). Faça primeiro as tarefas que você classificou como importantes e inadiáveis. Em seguida, faça as tarefas importantes, mas que podem ser adiadas. Por último, faça as tarefas classificadas como inadiáveis, mas não importantes. Delegue tudo que não seja "importante" mas precise ser feito.

As coisas importantes ajudam as empresas a ganharem dinheiro de sete maneiras:

- Trazendo novos clientes.
- Mantendo os clientes existentes.
- Entregando valor aos clientes.
- Melhorando a qualidade.
- Reduzindo custos sem comprometer o valor.
- Gerenciando riscos.
- Pondo em prática a estratégia da empresa.

As coisas inadiáveis são mais urgentes. Se você não agir agora, perderá a oportunidade ou sofrerá conseqüências negativas. Por exemplo: toda semana, você tem até o meio-dia de sexta-feira para dar entrada no pedido de material de escritório. Às 11h45 de sexta-feira, o prazo é urgente, mas só é importante se o estoque estiver acabando.

Os bons chefes esperam que você resolva 98% das suas decisões de gerenciamento de tempo. Se for uma situação de alto risco e a prioridade não estiver muito clara, peça a opinião do seu chefe. Se não puder, use o bom senso.

Dar prioridade às tarefas pode ajudar você a focalizar o que é mais importante. Profissionais eficazes trabalham duro, mas também usam a inteligência. Eles sabem escolher onde devem concentrar sua energia e seu tempo.

Conclua algo importante todo dia

Quantas vezes você já terminou o dia achando que não fez nada? Você tem essa sensação quando revisa sua lista de tarefas e se dá conta de que não riscou nada importante nela. Você batalhou o dia inteiro e não chegou a lugar nenhum. É desgastante.

Faça pelo menos uma tarefa importante todo dia. Não saia até terminar. Tudo bem se não estava na lista, desde que seja realmente importante. Se você tiver oportunidade de estar com um grande cliente ou se o seu chefe pedir que a sua equipe apóie uma outra que está com o prazo apertado, faça-o. Se a sua equipe estiver envolvida, envie um e-mail agradecendo a todos pela dedicação. Com isso, você faz outra coisa importante: incentiva-os a obterem bons resultados no dia seguinte.

Para motivar a equipe, você precisa estar motivado. A consciência de ter feito algo que agregou valor lhe dará uma sensação de realização ao final do dia. Dê esse presente a você mesmo todos os dias.

Prepare-se

A preparação dá trabalho. Muitas pessoas improvisam e deixam para se organizar durante o processo. Nenhuma improvisação brilhante pode substituir a comunicação clara e precisa que ocorre quando você está preparado. Esperar até o último momento e reduzir o tempo de preparação para 15 minutos é muito arriscado. Isso é a vida real, não uma prova do colégio. Não se engane.

- Defina seus objetivos e os da outra pessoa (ou grupo). Se tiver dúvida sobre os objetivos da outra pessoa, ligue ou envie um e-mail para ter certeza do que ela deseja.
- Reflita sobre tudo que está em jogo. A outra pessoa está pagando pelo seu tempo? Você está trabalhando com um possível cliente que pode trazer lucros consideráveis? Sabendo disso, você estará apto a decidir quanto tempo pode gastar com a preparação.
- Faça o dever de casa. Se estiver preparando uma apresentação, antecipe seus comentários. Se estiver preparando uma reunião de equipe, leia com antecedência o material recebido e faça anotações. Se for participar de uma reunião com um cliente em potencial, pesquise sobre a empresa. Descubra quem estará na reunião e como se escreve e se pronuncia seus nomes.
- Antecipe perguntas e planeje as respostas.
- Pratique várias vezes, mesmo se a reunião for apenas entre duas pessoas. Repassar o que você deseja dizer ajudará você a manter-se concentrado e ser objetivo.

- Faça uma lista do que você precisa levar e percorra-a rapidamente antes de sair.

As pessoas percebem quando você não se preparou direito para uma reunião. Prepare-se e você obterá resultados melhores.

Seja flexível

As empresas costumavam fazer planos para cinco e dez anos. Agora, a maioria faz planos detalhados apenas para os próximos três anos. Elas reconhecem que o mundo muda rápido demais para planejar além desse tempo. Empresas inteligentes procuram desenvolver equipes ágeis, capazes de mudar o rumo se for necessário. Responder de forma preparada às mudanças lhes dá uma vantagem sobre a concorrência.

O mesmo acontece no trabalho diário. Não importa o quanto você planeje e priorize: há dias em que o inesperado tira você do curso. É a vida. Existem alguns acontecimentos que não podemos controlar. Aceitar isso é um sinal de maturidade profissional.

Você precisa estabelecer um equilíbrio entre o planejamento e a flexibilidade. Não se desvie do seu rumo por coisas sem importância. Use as prioridades e os objetivos predeterminados para ater-se à tarefa atual. Mas, se alguma coisa mais importante surgir, faça-a. Se o seu chefe achar que isso é mais importante do que o que você está fazendo e você discordar dele, diga-lhe. Se ainda assim ele pedir para você ajustar suas prioridades, aceite e dê o melhor de si. Desde que você esteja trabalhando no que é importante, com certeza terá aquela sensação de realização ao final do dia.

Quando um atleta não se alonga antes de competir, o risco de se contundir aumenta significativamente. Se o seu conceito de trabalho for rígido, você também poderá se machucar. Amplie seu conceito de trabalho. Como uma das tarefas do dia, inclua esta: "fazer o que for necessário".

Timing é tudo

Ter noção de oportunidade, ritmo e *timing* é fundamental nos negócios. O segredo está em reconhecer quando o *timing* é importante. Poderia ser o lançamento de um novo produto no mercado antes do concorrente ou detectar um cargo que está disponível na empresa e agarrá-lo. Você tem que agir rápido porque, em um mercado competitivo, se você não fizer, outro o fará.

O acompanhamento dos assuntos abordados nas reuniões com clientes também é importante. De nada adianta causar uma boa primeira impressão se você não der prosseguimento no tempo certo. Se você não responder ao seu chefe no momento oportuno, ele poderá ficar decepcionado com você, mesmo que o seu trabalho no final seja excelente. Mantenha-se sintonizado com o *timing* e o ritmo da sua atividade e do seu local de trabalho.

Seu chefe não é sua mãe

Quando seu chefe pede para você se responsabilizar por algo, é porque confia em você. A confiança dele representa uma oportunidade de mostrar seu valor. Se você tiver algum problema, tente resolvê-lo sozinho ou com a ajuda de terceiros antes de levá-lo ao conhecimento de seu chefe. Pergunte qual é o resultado que ele espera e comprometa-se a alcançá-lo.

Deixe-me dar um exemplo. Seu chefe precisa que você colete e compile os dados da equipe para o relatório mensal para que ele possa revisá-lo na primeira semana de cada mês. Você envia um e-mail para os envolvidos, comunicando que precisará das informações até o primeiro dia de cada mês. No segundo dia do mês ainda faltam três relatórios. Assumir a responsabilidade com a tarefa significa que você insistirá com essas três pessoas até obter os dados necessários para o relatório.

É impressionante o número de pessoas que vão até o seu chefe e dizem: "Não posso lhe fornecer os dados porque não recebi todos os relatórios." Seu chefe não pediu para você enviar um e-mail solicitando os dados, e sim para você obtê-los. Assuma a responsabilidade. Como? Antes do prazo, mande um e-mail para todos mais uma vez lembrando sobre os relatórios. Converse com todos um dia antes e deixe claro que precisa dos dados na data estipulada. Assuma o projeto e torne-se mais do que um mero executor de tarefas.

Desenvolva seu QI financeiro

É vital entender a linguagem do dinheiro para agregar valor a uma empresa. Ela ajudará você a melhorar seu desempenho, sua confiança e até sua carreira.

1. Identifique uma pessoa no departamento financeiro que possa ajudar você a obter e interpretar informações financeiras.
2. Certifique-se de que você e todos os membros da sua equipe sabem ler um balanço patrimonial e entender suas implicações.
3. Descubra com seu chefe a margem de lucro (renda líquida como percentual de vendas ou receitas) dos produtos e serviços da empresa. Descubra como sua equipe pode aumentar ou ameaçar essa margem.
4. Comece as reuniões com um relatório financeiro (por exemplo, a análise dos resultados mensais). Explique o que significam os números e como as pessoas na sala podem ser afetadas por eles. Ao encerrar, relacione o assunto da reunião ao desempenho financeiro.
5. Mostre a cada membro da equipe como o trabalho dele afeta o desempenho financeiro. Pergunte: "Você sabe como seu trabalho interfere na conquista dos resultados?"
6. Não pressuponha que todos conhecem termos financeiros. Ao usá-los, defina-os. Quando alguém usar um termo pouco conhecido, peça-lhe para explicar.

7. Nunca finja compreender algo que não está entendendo. Peça esclarecimentos sempre que precisar. Isso mostra aos membros da equipe que não é vergonha nenhuma dizer que não sabe e que pedir ajuda é um sinal de confiança, e não de ignorância.

Exija de si mesmo e da equipe uma "alfabetização em números". Torne-se parte integrante da saúde financeira da empresa.

Conheça a velocidade de consumo dos principais recursos

Pense nos recursos do seu departamento ou da sua equipe como um tanque de gasolina. A cada quilômetro rodado, você gasta combustível. Você deve ter uma idéia de quantos quilômetros por litro o seu carro faz. Essa é a velocidade de consumo. Você sabe qual é a velocidade de consumo dos principais recursos no seu trabalho?

Vamos supor que você tenha três horas de reunião com a equipe toda segunda-feira de manhã. Se a equipe for composta de dez membros e cada um deles ganhar R$ 60 mil por ano (mais benefícios, espaço do escritório, etc.), então o custo dessas reuniões é cerca de R$ 400 por hora. Considerando ainda que, em média, cada funcionário contribui com 2,5 vezes do que custa, o valor coletivo do tempo deles é R$ 1.000 por hora. Digamos que um dos membros da equipe está meia hora atrasado e os outros estão sentados esperando. Você jogou no lixo R$ 500. Essa pessoa sempre tem problemas para chegar na hora às segundas-feiras? Se isso acontecer cinqüenta vezes por ano, esse hábito custará R$ 25 mil por ano aos cofres da empresa. Multiplique esse número por quatro no caso de executivos em cargos mais altos.

Liste os dez principais recursos. Por exemplo:

- Espaço (escritório, produção, estoque).

- Tecnologia (impressoras, licenças de software, principais tecnologias de produção).

- Pessoal (você, os membros da equipe, fornecedores internos).

Diga ao seu chefe que você gostaria de saber o valor dos principais recursos para poder aproveitá-los ao máximo. Obtenha o valor por hora, semana ou mês de cada um deles no setor financeiro, que já deve ter esses números. Se você for responsável por um grupo ou departamento, revise os números sempre que precisar tomar decisões para alcançar os objetivos do departamento e pense nas velocidades de consumo.

Coletivamente, elas são o seu tanque de gasolina. É sua função ir o mais longe possível com esse tanque. Se o responsável pelo grupo ou departamento for o seu chefe, pense em como você pode ajudá-lo a utilizar os recursos de forma eficiente. Isso requer disciplina no início. Escreva os números e faça os cálculos. Com a prática, isso se tornará um hábito e seu departamento conseguirá rodar cada vez mais quilômetros por litro.

Pare a hemorragia financeira

Sua empresa está perdendo dinheiro ou não está atingindo as margens de lucro? Ela pode estar sangrando internamente. Aprenda a identificar hemorragias financeiras. O dinheiro pode estar escapulindo e o motivo nem sempre é óbvio. Se a hemorragia não for contida, continuará até o dinheiro acabar.

Um exemplo clássico é a rotatividade de pessoal (*turnover*). Quando um funcionário pede demissão, sua substituição pode custar até duas vezes o salário anual dele. Em média, novos funcionários precisam permanecer 18 meses na empresa apenas para cobrir os custos de sua contratação. E isso são apenas os custos diretos, sem levar em consideração o impacto na produtividade e na fidelidade do cliente. Mesmo assim, algumas empresas consideram um *turnover* anual de 50% como um custo aceitável. As pessoas não estão permanecendo tempo suficiente no emprego para pagar a contratação e o treinamento quanto mais contribuir para os lucros.

Eis algumas outras formas de hemorragia financeira nas empresas:

- Recursos subutilizados – espaço, tecnologia, pessoal, tempo e dinheiro. Se o seu principal ativo é uma gráfica e ela está produzindo apenas durante 60% do tempo enquanto trabalhos de impressão ficam esperando pela aprovação da equipe, sua empresa está com uma hemorragia de dinheiro. Realize uma auditoria para ter certeza de que está otimizando seus investimentos.
- Má vontade para lidar com capacidade excessiva. Não adie as decisões difíceis. Se você tem espaço sobrando, alugue-o. Se você tem funcionários demais, faça uma reorganização. Não

coloque em risco todo o departamento, grupo, divisão ou firma por causa da sua relutância em cortar pessoal.

- Rotatividade de clientes. Custa mais atrair um novo cliente do que manter um antigo. Quando as receitas de vendas são as mesmas, mas um percentual maior delas advém de novos clientes, sua margem de lucro está sendo corroída.

- Custo de retrabalho. Quando sua empresa precisar refazer um trabalho já concluído, os custos podem ser superiores aos previstos. Se você observar que isso acontece constantemente em uma determinada área, descubra o que está causando o problema e resolva-o.

Analise os relatórios financeiros mensais. Se algo parecer que não está bem, é provável que não esteja mesmo. Peça que uma pessoa do departamento financeiro analise os números. Não se preocupe em ficar malvisto pelo fato de ter uma hemorragia financeira na sua área. Isso acontece com todo mundo. Você se sentirá melhor mostrando que tem a perspicácia necessária para identificar um problema e corrigi-lo do que deixando que ele persista.

Trabalhe de modo mais inteligente

Faça com que a realização de um bom trabalho seja o mais fácil possível para você e para as pessoas que trabalham com você. Haverá menos frustrações porque vocês não estarão superando sempre os mesmos obstáculos.

Numa grande cadeia de restaurantes, um *barman* reclamou com o gerente que precisava pedir aos garçons para pegarem café para os clientes no bar. Na primeira hora após o almoço, todos queriam café e isso o atrasava. O gerente observou o turno seguinte e percebeu que, se trocasse de lugar a máquina de café e a geladeira, o próprio *barman* poderia servir o café e a modificação não afetaria o fluxo de trabalho. Os clientes do bar foram mais bem atendidos, o *barman* recebeu mais gorjetas e as vendas na hora do almoço cresceram porque as pessoas entravam e saíam mais rápido.

Comece fazendo uma lista das tarefas que você realiza com mais freqüência, ou seja, aquelas que lhe darão maior retorno. Em seguida, responda a esta pergunta: o que torna esse trabalho mais difícil ou demorado? Faça uma lista dos obstáculos à produtividade. Depois pense em que modificações práticas eliminariam esses obstáculos. Se a modificação estiver dentro do seu alcance, faça-a. Caso contrário, estime a economia de tempo que ela irá gerar e o valor do tempo em dinheiro. Calcule a possível economia e use essa informação para propor a modificação ao seu chefe.

Encoraje sua equipe a pensar dessa forma também. Na próxima reunião, reserve alguns minutos para fazer o exercício que acabei de descrever. Diga-lhes que podem fazer qualquer sugestão para simplificar ou melhorar os processos, desde que seja apresentada com uma estimativa completa de como e quanto ela economizará.

Torne sua missão possível

Muitas pessoas vêem a missão da empresa como palavras sem significado ou importância. Elas não entendem a força de uma declaração de missão. O cinismo intelectual delas é um obstáculo à liderança. A missão descreve o objetivo da empresa, o motivo pelo qual cada um trabalha todos os dias. Ela pode ser uma ferramenta prática e útil.

A equipe de vendas de uma empresa estava analisando a solicitação de um cliente que custaria muito dinheiro. Eles rejeitaram a idéia porque acharam que a diretoria não aceitaria investir no negócio. Então, um deles relembrou à equipe que o compromisso com o cliente era o ponto central da declaração de missão da empresa para a qual trabalhavam. Eles reviram os dados e fizeram uma recomendação prática que aumentou consideravelmente a fidelidade do cliente sem danos para a companhia. Isso é uma declaração de missão em ação.

Saiba qual é a declaração de missão da sua empresa. Leve uma cópia com você na sua agenda para as reuniões. Discuta-a com sua equipe. Use-a para criar idéias ou validar a qualidade das idéias apresentadas por outras pessoas. Quando as pessoas discutirem diferentes opções, use a missão para apoiar uma delas. Comprometa-se a tentar isso pelo menos uma vez. As respostas virão de maneira mais rápida e clara. Sua declaração de missão criou a base do seu plano de negócios. Portanto, é lógico que ela ajude você a tomar decisões em bases firmes.

Se a sua empresa não tiver uma declaração de missão ou você achar que a que já existe é pura retórica, reúna um grupo para criar uma nova. E, se a diretoria não apoiar você, não desista.

O controle começa por você

Você está trabalhando em um novo mundo hoje em dia. Toda vez que você fornece informações que servem de subsídio para os líderes da sua empresa tomarem decisões, alguém está observando de perto o seu trabalho. Todos foram afetados pelas escolhas antiéticas e pelas práticas de contabilidade questionáveis de alguns magnatas. O fato de não ser culpa sua não significa que isso não afete você.

As pessoas perderam a confiança nos relatórios financeiros e isso afeta a capacidade das empresas de atrair investimentos ou financiamentos. O resultado é que, hoje em dia, as coisas levam mais tempo para serem feitas e a competição está mais acirrada. Levará um bom tempo até a credibilidade ser restituída, e esse processo começa com você.

Muitos gerentes acham que reunir informações de desempenho como "rotatividade de pessoal" ou "estoque disponível" é perda de tempo, apenas uma tarefa inútil para manter ocupados e felizes aqueles contadores ultraminuciosos. Mas os investidores querem saber como a empresa está indo com relação aos principais indicadores financeiros, e o presidente e o diretor financeiro precisam ter certeza de que as informações divulgadas estão corretas. Na realidade, eles podem ser responsabilizados legalmente se as informações estiverem erradas. É impossível saber de antemão o desempenho que serve de subsídio para cada métrica organizacional. Por isso, eles e os investidores precisam confiar na competência e na honestidade das pessoas que trabalham na empresa.

Além das questões legais e de credibilidade, uma outra razão prática exige cautela com esses relatórios. O presidente e o conselho de diretores não podem tomar decisões acertadas sobre o futuro da empresa sem um bom embasamento no que está acontecendo no momento. Quanto mais segura for a informação, melhor será a tomada de decisões. Por várias razões, o interesse é seu de verificar se os dados de desempenho fornecidos pela sua área são confiáveis.

Repita o filme

Depois de um jogo, os técnicos de futebol assistem várias vezes ao vídeo da partida. Revêem quantas vezes forem necessárias para perceber o que funcionou e o que deu errado, quem colocou em prática as instruções corretamente e quem não conseguiu executá-las. Eles usam o que sabem para criar novas jogadas, aprimorar a destreza dos jogadores e planejar o treinamento para a semana seguinte.

Essa técnica pode ser eficaz nos negócios também. Repita o filme mentalmente ao final do seu dia. Tire alguns minutos à noite para pensar nas conversas que teve durante o dia e nas atitudes que tomou.

Programe um horário específico para repetir seu "filme" diário. Pode ser durante a ida para casa, após o jantar ou antes de ir para a cama. Reflita sobre como você lidou com situações de desafio – o que funcionou e o que você fará de forma diferente na próxima vez. Pense no que você aprendeu sobre as outras pessoas e sobre você mesmo. Comprometa-se a melhorar. Parabenize-se pelo que fez certo. Faça essas reflexões toda noite. Transforme isso num hábito.

Invista em si mesmo

Assuma o controle da sua educação permanente e do seu crescimento pessoal. A cada seis meses, atribua objetivos de aprendizado específicos a si mesmo e inclua-os no seu painel de desempenho. (Consulte o tópico "Crie seu próprio painel de desempenho".) Em seguida, crie um plano para atingir cada objetivo. Não se preocupe apenas em melhorar seus pontos negativos e invista nos seus pontos fortes. Seus talentos naturais são um ativo valioso. Reconheça-os e valorize o que você faz bem.

Analise o seu trabalho atual. Liste as qualificações que você precisa para ser bem-sucedido. Em seguida, analise seus objetivos. Para subir na carreira, que novas qualificações são necessárias para a função que você ocupa? Você precisa fazer mais apresentações ou preparar um orçamento pela primeira vez? Liste o que você precisa aprender.

Programe três objetivos de aperfeiçoamento para os próximos seis meses – dois que melhorarão o seu desempenho na posição atual e um que ajudará você a ser promovido. Pelo menos um desses objetivos deve enfocar um de seus pontos fortes.

Em seguida, pense em como fará para executar esses três objetivos. Procure formação profissional, se houver. Identifique uma pessoa que seja excelente na qualificação que você almeja e peça ajuda. Se possível, seja voluntário para fazer parte de uma equipe que tenha uma pessoa empreendedora. Trabalhar com pessoas capacitadas pode ajudar você a se aperfeiçoar. Descubra formas de ampliar seus conhecimentos dentro e fora do trabalho. Coloque seu plano por escrito.

É muito comum as pessoas esperarem que seu chefe lhes diga quais qualificações elas precisam ter. Isso é uma impressionante falta de iniciativa e de responsabilidade. Olhe-se no espelho. Assuma a responsabilidade e invista em si mesmo. Conhecimento, experiência e qualificações são seus ativos profissionais. Eles são o seu passaporte para o progresso. Cuide do desenvolvimento deles com uma finalidade em vista.

FUNDAMENTO 2

Aja com honestidade na vida pessoal e profissional

O Ritz-Carlton e o Starbucks se destacam porque investem pesado na consolidação de suas marcas. E não apenas em propaganda, mas oferecendo uma experiência consistente ao cliente. Nada fortalece mais uma marca do que atitudes honestas e consistentes. Se você agir com honestidade algumas vezes, mas não sempre, sua marca perderá o sentido.

Seu nome é a sua marca no mercado. Você usufrui dela todos os dias. Uma marca confiável lhe dá credibilidade para obter o que necessita para sua empresa. Ela é algo que você não pode negociar ou trocar, pois é essencial para a sua carreira.

Seja qual for a sua posição, as pessoas precisam acreditar e confiar na sua marca. Regras como "Seja discreto", "Autoconfiança" e "O mundo não é obrigado a sustentá-lo" mostram como desenvolver e promover essa marca, a sua marca. Ela lhe dá solidez em um mundo onde reputações podem ser arruinadas do dia para a noite. É a sua marca que atrairá clientes e fará você progredir na empresa. Sem ela, você se esforçará à toa.

Proteja sua marca ferozmente – é um dos seus ativos mais valiosos. Reputações são frágeis e é difícil fazê-las ressurgir das cinzas. Todo negócio funciona dentro do âmbito de uma pequena comunidade, onde as pessoas estão sempre atentas a tudo. A marca de um líder deve significar honestidade. As ações dele devem gerar confiança na marca de forma consistente.

Pense no impacto do seu comportamento sobre a sua reputação. Defina padrões que reflitam seus valores e viva de acordo com eles.

Autoconfiança

Agir com autoconfiança aumenta a sua eficiência e ajuda você a lidar com conversas difíceis de forma assertiva e compassiva. Ela lhe dá segurança diante das incertezas e deixa você aberto a novas idéias. A autoconfiança ajuda você a fazer aquilo que levará a resultados sustentáveis.

Construa sua autoconfiança agindo de forma consistente com seus valores. Eles são as suas convicções mais profundas. Eles nunca mudam. Honestidade, otimismo, aprendizado, família, conquistas – todos são valores. As pessoas compartilham alguns valores, mas cada uma tem um conjunto próprio de valores. Use o seu para desenvolver a sua autoconfiança.

Ter valores coloca você em um estado de espírito positivo. Saber quais os são os seus lhe dará autoconfiança para fazer boas escolhas. Cada vez que você faz escolhas usando-os, sua confiança em si mesmo aumenta. Isso, por sua vez, reforça seus valores. O inverso também é verdadeiro. Quando você se comporta de forma contrária aos seus padrões, sente-se desconfortável e a sua autoconfiança diminui.

Quando estamos prestes a tomar uma decisão, é comum estarmos tão obcecados para obter um resultado específico que às vezes racionalizamos nossos valores. Poucas pessoas param e pensam: "Estas são as minhas opções. Quais são os meus valores?" Tire uns minutos e escreva as cinco ou seis convicções que mais importam para você, aquelas inegociáveis que definem quem você é. Reveja sua lista na próxima vez que sentir um frio na barriga sobre uma decisão, sinal de que você está tentando se convencer a fazer algo. Tome uma decisão que seja consistente com as suas convicções. E observe o que acontecerá com a sua autoconfiança.

Respeite-se

Para onde o coração bombeia sangue recém-oxigenado primeiro? O cérebro? Os pulmões? O fígado? Não, o coração bombeia primeiro para si próprio. Há uma sabedoria natural nesse sistema. O coração precisa cuidar de si mesmo antes de abastecer os outros órgãos. Caso contrário, não será capaz de suprir as outras partes do corpo. Isso também acontece no mercado de trabalho. Respeite-se em primeiro lugar. Você não poderá ser útil para os outros se não cuidar de si mesmo. Avise às outras pessoas, de forma clara e precisa, que você não irá tolerar nenhum tipo de desrespeito.

Uma vez, a gerente de uma empresa de marketing trabalhou durante seis meses para gerar um relatório que representava seus melhores pensamentos e os de seus colegas. Durante a apresentação do relatório, seu chefe parecia achar que era mais importante aparar as unhas do que olhar para ela. Clique, clique. Ela interrompeu a apresentação e disse: "Parece que esse não é um momento conveniente para você. Talvez devêssemos fazer a reunião em outro dia." Ainda que educadamente, ela mostrou a ele, do modo mais direto possível, que realmente precisava de sua atenção e opinião. Ele recebeu a mensagem: parou de cortar as unhas e concentrou-se no que ela tinha a dizer.

Seja direto e digno, e as pessoas responderão na mesma moeda. Se você não se respeitar, ninguém o fará. Quando você se respeita, os outros entendem como um sinal de que você merece respeito.

Trate os outros com respeito

Quando um homem estala os dedos para um garçom, ele recebe um serviço melhor ou pior? Pior, é claro. O mesmo acontece nos negócios. Todos queremos ser respeitados, mas, para isso, também precisamos respeitar os outros. Respeite as pessoas à sua volta. Elas responderão com boa vontade e mais rapidamente a você. Veja a seguir algumas formas de demonstrar respeito no ambiente de trabalho:

- Seja pontual.
- Não interrompa.
- Não desperdice o tempo alheio.
- Não leia e-mails nem atenda ligações enquanto alguém estiver falando com você.
- Olhe as pessoas nos olhos.
- Reconheça as pessoas ao vê-las.
- Esteja pronto na hora solicitada.

O respeito sincero se baseia na convicção de que os pensamentos e o tempo das outras pessoas têm tanto valor quanto os seus. Tratá-las dessa forma faz de você uma pessoa melhor.

Cerque-se de pessoas éticas

As pessoas à sua volta influenciam a forma como você pensa e age. Elas podem incentivar você a dar o melhor de si ou minar e enfraquecer seus padrões. Cerque-se de pessoas que defendem os mesmos valores que você. Junte-se apenas a empresas e grupos que compartilhem seus valores. Quando se deparar com situações complicadas, peça conselhos às pessoas que escolheu ter em sua vida e siga-os.

Se você foi designado para trabalhar com colegas que não possuem os mesmos princípios éticos que você, reduza ao máximo o tempo que passa com eles. Eles podem prejudicar a sua produtividade e a sua capacidade de ser promovido. Concentre-se no trabalho a fazer. Não baixe os seus padrões para igualar-se a eles. Se estiverem fazendo algo ilegal, informe ao seu supervisor. Se essa situação estiver durando tempo demais, pense na possibilidade de trocar de equipe ou procurar emprego em outra companhia.

Dê bom exemplo

Muitos pais dizem: "Faça o que eu digo, mas não faça o que eu faço." É uma estratégia perdedora, tanto em casa como no trabalho. Suas ações – e não apenas suas palavras – revelam à equipe o que é aceitável. Se você chega sempre atrasado às reuniões, criará uma cultura na qual atrasos são permitidos. Se você freqüentemente perde o controle e grita com os outros, esse comportamento será adotado como padrão. Mas, se você trabalha duro, respeita os recursos da companhia e pensa positivo, criará um ambiente de equipe onde o bom comportamento é o esperado. Ditados em canecas ou cartazes não funcionam, somente ações.

Faça uma lista dos comportamentos e atitudes que os seus subordinados adotam que mais o preocupam. Revise a lista e pergunte a si mesmo: "Que tipo de exemplo eu dou?" Se você observar uma contradição entre as suas ações e as suas palavras, passe a fazer as coisas da maneira como deseja que sejam feitas.

Quando você define conscientemente o padrão que deseja com suas ações, cresce como profissional. Passa a ser capaz de lidar com as situações de maneira mais eficaz. Por melhor que seja o método de um professor de piano, nunca será melhor do que quando ele demonstra para os alunos. Seja o melhor na sua equipe comportando-se da forma como espera que todos ajam.

Sempre aja com ética

Nunca minta, engane ou roube. Não infrinja a política da empresa nem viole as leis. Coloque no seu relatório de despesas apenas os gastos reais. Trabalhe duro sempre que estiver com o prazo apertado. Pague do seu próprio bolso todas as ligações e envios de pacotes pessoais e faça-os somente fora do horário do expediente.

Aja com ética e deixe claro para as pessoas que esse é o comportamento que devem esperar de você. Isso ajudará a formar sua credibilidade. Quando defrontado com um dilema ético, informe aos colegas e dê-lhes ciência da sua decisão. Isso lhes permitirá saber quais são os seus valores.

Entretanto, lembre-se de que há uma diferença entre probidade e falsa moral. Todo mundo erra às vezes. Mantenha-se fiel aos seus princípios, mas evite ser extremamente crítico ou reprovador.

Seja discreto

Indiscrição é um acontecimento comum no escritório, mas é sempre uma má idéia. Mesmo que não lhe traga problemas, provavelmente terá um efeito negativo na percepção que as pessoas têm de você. Use as sugestões a seguir para evitar cair nessa armadilha, por mais tentadora que ela seja.

Evite fofocas

Não se envolva em especulações sobre questões pessoais ou profissionais relacionadas aos funcionários do escritório. Isso é extremamente antiético.

Não difame o líder ou suas políticas

Todo mundo precisa descarregar a tensão algumas vezes, mas não faça isso com os colegas durante o *happy hour* ou como forma de ganhar intimidade em viagens a trabalho. Da mesma forma, nunca tolere difamações à empresa por parte de sua equipe. Quando quiser desabafar, converse com um amigo que não trabalhe no seu escritório (mas estabeleça um limite de tempo, se você valoriza a amizade). Se você discordar de algo e quiser dar vazão a suas opiniões, converse com seu chefe cara a cara.

Guarde segredos

Quando alguém lhe perguntar: "Posso lhe contar um segredo?", não responda automaticamente que sim. Peça um tempo para refletir. A maioria das pessoas fica tão entusiasmada com a idéia de saber algo que os outros não sabem que concorda rápido demais. Nem sempre é uma boa idéia. Pergunte do que se trata em termos gerais. Se o assunto for constrangedor para você, simplesmente diga: "Acho que prefiro não saber nada sobre isso." Sempre avise antes às pessoas que você não poderá guardar o segredo se lhe disserem algo que coloque a companhia ou outra pessoa em risco. Mas, se concordar em deixar que a pessoa confie em você e a informação não prejudicar ninguém, honre a palavra dada.

O mundo não é obrigado a sustentá-lo

Ninguém tem obrigação de lhe dar um salário, um bônus ou benefícios. Muitas pessoas gostariam de ter um emprego como o seu. A relação com seu empregador baseia-se apenas no valor que você cria. Sua vantagem está em agregar mais valor que outras pessoas.

Após algum tempo de trabalho numa empresa, você pode começar a pensar: "Ninguém sabe fazer o que eu faço. Sei tudo sobre essa empresa. Eles estão em débito comigo por tantos anos de bons serviços prestados." Você pode achar que merece gastar o dinheiro da companhia em almoços com amigos ou usar o carro funcional para assuntos pessoais. Esse tipo de mentalidade leva à arrogância e à insensibilidade, que podem resultar em ações impróprias ou corruptas. Se observarmos bem, esse problema está no âmago de todos os escândalos corporativos – as pessoas acham que merecem mais do que recebem.

Se não estiver satisfeito com seu salário e acreditar que pode ganhar mais em outra empresa, peça demissão. Não deixe que sua necessidade de reconhecimento o convença a baixar seus padrões. A chance de agregar valor em uma organização é um privilégio. Temos sorte de tê-la. Seja agradecido por isso e dê o máximo de si.

FUNDAMENTO 3

Invista nas relações

Relações sólidas são a base dos negócios e da vida. Para ser bem-sucedido e viver uma vida feliz e proveitosa, você precisa da ajuda dos outros. Ninguém pode viver sozinho. Família, amigos, colegas, funcionários, clientes – todos têm a capacidade de enriquecer a nossa vida. As lições neste capítulo preparam você para iniciar ou fortalecer sua base de relações. Com o tempo, você ficará admirado ao ver como seus contatos contribuem para a sua carreira.

Pequenos gestos, como passar para cumprimentar um antigo chefe ou parabenizar um colega de trabalho, podem parecer sem importância na hora, mas você se surpreenderá de como eles podem resultar em progresso pessoal e profissional. Por outro lado, a falta de sociabilidade pode enfraquecer sua rede de contatos e resultar em uma estagnação da carreira. Criar e manter relações não é uma tarefa fácil. Requer tempo, energia e interesse em um mundo movimentado e confuso. Mas é um tempo bem empregado.

Investir em relações é como investir em dinheiro – você recebe um retorno do seu investimento. Esse retorno pode assumir várias formas; por exemplo, uma facilidade nos negócios ou simplesmente uma boa sensação. Ao estabelecer uma estratégia de investimento, pessoas inteligentes tomam decisões com base em seus objetivos. Adote uma "estratégia de relações" no trabalho seguindo o mesmo conceito. Tempo e energia são ativos limitados. Gaste-os com sabedoria em relações que incentivem você a crescer, impulsionem sua carreira e melhorem sua qualidade de vida.

Desenvolver amizade com clientes fora do escritório é uma parte importante da estratégia, mas não esqueça da sua equipe. As pessoas costumam abandonar chefes ruins ou desatentos. Como chefe ou gerente, sua vida profissional depende diretamente da sua equipe. Quanto mais pessoas competentes você atrair e mantiver, mais fácil e agradável será o seu trabalho.

Seja sociável e traga as pessoas para perto de você em tempos de vacas gordas ou magras. Valorize-as genuinamente. Invista nelas.

Crie um quadro de relações

Os profissionais de vendas utilizam muito esse recurso, mas é uma prática valiosa para todas as pessoas. Um quadro de relações permite que você saiba onde as outras pessoas estão em relação a você. Quando você encontrar alguém que possa ensinar-lhe algo ou facilitar a conquista de seus objetivos, pegue os dados de contato dele e coloque-os em um arquivo eletrônico. Depois procure estabelecer uma relação com essa pessoa. Não seja falso. Se você não gostar dela nem respeitá-la, desista do contato.

Use seu quadro de relações para ficar em contato. Faça uma revisão dessas relações periodicamente – uma vez por semana, uma vez por mês ou uma vez a cada alguns meses, dependendo do grau de proximidade. Use um sistema para lembrar-lhe com quem você não falou recentemente. Ligue para a pessoa, mande-lhe um e-mail ou tente encontrá-la, se tiver tempo. Caso você se depare com alguma informação que possa ser útil para ela (como um livro ou um artigo de revista), envie-lhe junto com um bilhete. Nada muito extenso, apenas algo como: "Achei que poderia lhe interessar. Espero que esteja tudo bem com você." Fique alerta para as oportunidades de ajudá-la a alcançar seus objetivos. Entre em contato, se souber que ela não conseguiu superar um desafio ou obteve êxito em algum projeto, para oferecer-lhe apoio ou parabenizá-la.

Relações importantes merecem atenção constante. Amizades profissionais sólidas e variadas são um ativo que pode tornar você mais valioso para a companhia onde trabalha e mais cobiçado pelas empresas concorrentes, além de melhorar sua qualidade de vida.

É dando que se recebe

Quando você é generoso nas relações, cria uma energia que faz com que as coisas boas voltem para você. Eis um plano de quatro pontos:

- Ao fazer um contato profissional, não comece pedindo coisas. Procure primeiro ajudar a outra pessoa. Oferecer apoio enquanto ela conquista um cliente ou troca de emprego é uma oportunidade perfeita.

- Preste atenção aos detalhes. Mantenha um registro das informações da pessoa, como o dia do aniversário, data de casamento, nome da esposa e dos filhos. Envie cartões e sempre mande lembranças à família citando o nome de cada um. (Armazene essas informações em seu computador ou agenda. No primeiro dia de cada mês, veja quais são os próximos eventos.)

- Faça além do esperado. Prepare surpresas que farão as pessoas se lembrarem de você. Se um cliente importante ou um colega especial comentar que levará a esposa para jantar em um restaurante requintado para comemorar o aniversário dela, descubra onde é e combine com o garçom para oferecer-lhes um drinque por sua conta. Não custa caro e é algo marcante.

- Faça um gesto sincero somente quando fizer sentido fazê-lo. Se a pessoa adora futebol e você tem ingressos para a temporada, ofereça-lhe seus lugares. Envie-lhe seu cartão de estacionamento e as coordenadas para chegar lá. Um gesto marcante como esse nunca será esquecido.

Lembre-se: amigos fazem negócios com amigos. Colegas oferecem apoio uns aos outros. Faça um esforço sincero no seu círculo de amizades profissionais e, em troca, elas enriquecerão seu negócio e sua vida.

Reúna-se no café-da-manhã

O café-da-manhã é o novo almoço. É muito mais fácil para as pessoas se ausentarem do escritório para um compromisso logo cedo pela manhã. Elas ainda estão dispostas e cheias de energia. As refeições geralmente são mais breves. Os noticiários matutinos oferecem assunto para a conversa. É uma forma excelente de fazer contatos profissionais. Além disso, há um horário natural para encerrar o café-da-manhã, enquanto o almoço pode avançar pela tarde afora, com sobremesa, café, etc. E um almoço pesado tende a resultar em uma tarde sonolenta.

Procure reunir-se para o café-da-manhã com alguém do seu quadro de relações regularmente. É uma maneira eficiente de manter-se conectado. Isso libera o dia inteiro para você pensar e fazer o acompanhamento dos assuntos que discutiram. Você se agradecerá pelo resto do dia.

O contato pessoal é importante

Nunca subestime a importância do contato pessoal. Todo ano, no mês de dezembro, o presidente de uma grande empresa costuma caminhar pela matriz inteira desejando boas-festas pessoalmente a dois mil funcionários. Quer agradecer-lhes frente a frente. Ele sabe que, durante o ano, terá que mandar e-mails para o grupo todo pedindo o seu apoio e ajudará bastante se eles o virem como uma pessoa real.

Passe 10% do seu tempo todo dia conversando com pessoas do seu grupo. Escute o que elas estão pensando e sentindo e, se puder, tente fazê-las se sentirem bem. Isso pode envolver um investimento considerável de tempo, mas o retorno é imenso.

O mesmo acontece fora do trabalho. Quando alguém da sua equipe o convidar para um casamento, um funeral ou um *bar mitzvah*, tente comparecer. Há milhões de razões para não ir, mas uma razão ainda mais importante para ir (quando puder): demonstra respeito. Se você não puder comparecer, desculpe-se, mande um bilhete manuscrito e, se for o caso, um presente. Se alguém estiver hospitalizado, faça uma visita. Ele apreciará esse gesto e você terá reafirmado a importância dele em sua vida. Essas atitudes fortalecem as relações importantes e ajudam a desenvolver o senso de lealdade. É a coisa certa a fazer.

A escolha da equipe representa 90% da batalha

Encontrar o perfil adequado economiza tempo e dinheiro em treinamento, retrabalho ou tentando evitar baixa produtividade. Não se precipite nesse processo. O preço a pagar é muito alto.

Saiba as qualificações e a experiência que a função exige. Trabalhe em conjunto com o departamento de recursos humanos para conhecer as funções na sua área e saber os tipos de candidatos que se apresentarão. Se o RH não puder ajudá-lo, pergunte às pessoas que estão na função no momento as qualificações que eles julgam ser necessárias. Entreviste as pessoas que parecem ter essas qualificações.

Se tiver tempo, ligue pessoalmente para as referências indicadas e peça que o RH verifique os documentos fornecidos. Por incrível que pareça, alguns estudos mostraram que até 34% dos currículos contêm informações falsas ou enganosas. Se você encontrar alguma discrepância, dê ao candidato uma chance de explicar. Pode ter sido um erro de registro de informações. Mas, se não for, não o contrate.

Quando estiver entrevistando os candidatos, pergunte-lhes sobre sua experiência ou instrução com relação às qualificações exigidas pela função. Encontre-os pelo menos duas vezes para ter certeza de que dão respostas consistentes e de que têm uma visão clara da função para a qual se candidataram.

Descreva o trabalho e a empresa de forma honesta e completa. Geralmente os candidatos se auto-selecionarão, se souberem que não se enquadram no perfil adequado. Se a contratação ficar a cargo do departamento de recursos humanos, insista em participar do processo. Você é um dos que pagarão o preço de uma má contratação.

Observação: assegure-se de que tudo está de acordo com as leis trabalhistas. Peça ao departamento jurídico ou ao departamento de recursos humanos para ajudá-lo nessa questão. Eles devem estar capacitados a prestar-lhe assistência.

Ajude os membros de sua equipe a progredirem

Uma equipe capacitada facilita em muito a sua vida. Como atrair profissionais brilhantes, dedicados e com uma atitude positiva? Criando oportunidades. As pessoas dinâmicas e empreendedoras olham para o futuro. Adquira a reputação de ser um profissional cujos funcionários sobem na carreira e terá esse tipo de pessoa batendo à sua porta.

Treine e desenvolva sua equipe. Assegure-se de que eles têm confiança no trabalho que você está pedindo que façam. Converse com novos membros da equipe logo no primeiro dia e diga-lhes o que, para você, torna alguém promovível. Encoraje-os a pensar sobre o futuro de suas carreiras. Avise-lhes que você trabalhará em conjunto com eles para desenvolver as qualificações e experiências de que necessitam, oferecendo oportunidades de treinamento, orientação e projetos especiais. E, quando eles alcançarem os objetivos, elogie-os publicamente. Dê conhecimento dessas conquistas aos outros responsáveis pelas decisões na empresa.

Existe um porém nisso tudo: quem está pronto para ser promovido sabe disso. Se você não tiver uma posição a oferecer, ele começará a procurar em outro lugar ou um concorrente o tomará de você. Junto com seu chefe, identifique um projeto ou uma atribuição especial que mantenha a pessoa na organização até surgir uma oportunidade. Procure iniciativas especiais no plano de negócios e fale com as pessoas certas para que o seu funcionário participe.

Você deve estar pensando: "Por que eu preciso de pessoas que só querem progredir?" Porque elas são mais talentosas e motivadas do que as pessoas que estão satisfeitas na função onde estão. Você terá constantemente pessoas de alta qualidade na sua equipe que trarão resultados melhores com menos esforço.

Treine e oriente sua equipe o dia inteiro

Assumir a posição de "treinador" dos membros da sua equipe vai tornar o seu trabalho mais fácil de duas formas: aumenta a qualidade do trabalho deles e, conseqüentemente, o desempenho da sua unidade. Entretanto, como é um investimento substancial de tempo, invista com cuidado. Comece com alguém que se reporta diretamente a você. Estenda para as pessoas que demonstram esforço genuíno e melhor desempenho.

Muitas pessoas acham que treinar alguém é o mesmo que dar feedback. O feedback é apenas parte do processo de orientação. Elas acham que isso acontece em *uma* sessão de treinamento. Às vezes até ocorre assim, mas a maior parte acontece após o expediente. Muitos profissionais que assumem a posição de treinador acham que faz parte da sua tarefa "corrigir" a outra pessoa. Na verdade, a pessoa que está sendo orientada é que é responsável pelo sucesso do processo de aprendizagem. Se as pessoas demonstrarem que não estão abertas a mudanças, não continue com a relação. Será perda de tempo para vocês dois.

Comece com uma conversa particular. Peça ao orientando para fazer uma lista do que ele faz bem e outra do que gostaria de fazer melhor. Depois o convide a escolher três pontos a serem trabalhados. Em seguida, peça que ele defina um objetivo relacionado a cada um dos pontos, algo como: "Este mês vou fazer uma apresentação para a equipe nas reuniões semanais de departamento." Lembre-lhe o que ele faz bem e como isso pode ajudá-lo. Por exemplo: "Você é tão organizado. Como deve usar essa qualidade para fazer melhores apresentações?" Diga-lhe que você acha que ele é capaz disso. Sentir que alguém acredita em você é uma inspiração poderosa. Nunca minta, diga apenas o que acredita. Reserve um tempo para ligar e ver como ele se saiu.

Fique atento às chances de parabenizá-lo pelo progresso. Se você vir que ele se encontra em um dilema, pergunte-lhe se precisa de ajuda.

O treinamento sincero gera excelência. Você sabe que está agindo certo quando a outra pessoa assume o controle do processo e começa a se guiar sozinha, ou seja, quando ela vem até você e pede orientação em vez de você se aproximar dela.

Não deixe as pessoas ficarem entediadas

Alguma vez você já se sentiu totalmente confiante em uma função? Já se deparou com todo tipo de desafio que poderia surgir? Já sentiu que todo dia era exatamente igual ao outro, com poucos desafios? Se você for como a maioria das pessoas, tudo parecia maravilhoso um mês antes de ficar entediado. A mente é como um músculo. Se não for exercitada, começa a atrofiar. Para se sentirem motivadas, as pessoas precisam ser desafiadas.

Quando um membro da equipe lida com uma tarefa com muita facilidade, desafie-o ou dê-lhe uma nova atribuição. O excesso de confiança acaba com a motivação, principalmente no caso de pessoas empreendedoras. Peça que pesquisem sobre um novo cliente ou como aprimorar um processo. Converse sobre os objetivos de carreira delas e encontre um projeto que promova esses objetivos ao mesmo tempo que melhora o desempenho do seu departamento.

A fórmula para manter os funcionários motivados não é igual para todos. Para conservar o desempenho da equipe em alta, você precisa observar como cada funcionário está se sentindo com seu trabalho atual e familiarizar-se com os objetivos individuais deles. É uma questão de equilíbrio. Não os sobrecarregue, mas também não os deixe estagnarem. Pessoas empreendedoras estão sempre ávidas por novas experiências.

Reconhecimento é fundamental

Uma pesquisa norte-americana pediu aos funcionários e supervisores de diversas empresas que enumerassem o que mais os motivava. Os supervisores achavam que a maior preocupação dos funcionários era ter um "bom salário". Mas os funcionários disseram que "apreço pelo trabalho feito" era o principal agente motivador. "Bom salário" ficou em quinto lugar. Essa é uma impressão equivocada muito comum. Geralmente, os gerentes não entendem a força de reconhecer a contribuição de um funcionário.

Faça isso com freqüência e publicamente. Não precisa ser nada elaborado.

- Sempre agradeça quando alguém fizer um trabalho extra. Por exemplo, ajudar um colega a editar um relatório ou ficar até tarde para cumprir um prazo de entrega. Transmita a essa pessoa que você sabe que ela fez algo além da sua obrigação e você a admira por isso.

- Dê os parabéns quando alguém terminar um grande projeto, ganhar uma conta ou fizer algo que normalmente seria difícil para ele.

- Sempre que o trabalho diário de uma pessoa for excelente, diga-lhe. Elogie apenas quando o trabalho realmente tiver sido muito bom. As pessoas sabem quando não fizeram o melhor que podiam, e você também.

Sempre que tiver uma chance, destaque os pontos nos quais você deseja que a sua equipe se aprimore. O retorno em termos de produtividade é enorme. E não esqueça de reconhecer as conquistas dos colegas e do seu chefe. Eles também gostam de ser reconhecidos.

Funcionários satisfeitos = clientes fiéis = lucros maiores

As pesquisas mostram uma importante reação em cadeia nas empresas prestadoras de serviços. Funcionários satisfeitos dão origem a clientes fiéis, que, por sua vez, se tornam propagandistas do seu negócio. Eles atraem novos clientes, que aumentam os lucros. Quando esse mesmo bom serviço prestado faz um novo cliente retornar, a margem de lucro cresce ainda mais. A correlação é inegável. O que faz os funcionários ficarem tão satisfeitos a ponto de fazer os lucros subirem? É a certeza de fazerem um bom trabalho e serem tratados com respeito pela empresa e por seus gerentes.

Veja a seguir uma iniciativa que o presidente de uma grande empresa aérea usou para colocar esse princípio em prática. Ele criou um fundo para crises, no qual depositava contribuições para os funcionários tiradas do seu próprio salário. O dinheiro foi usado para ajudar empregados em épocas de crise. Por exemplo, um incêndio na casa de um funcionário. Ele também enfatizava que, quando os tripulantes estavam no trabalho, suas necessidades precisavam ser resolvidas primeiro para que eles tivessem condições de cuidar adequadamente do cliente. Quando os vôos atrasam em decorrência de uma tempestade, a tripulação trabalha até mais tarde e ajuda os passageiros quando chegam ao destino. É uma hora extra obrigatória.

Nessa empresa, o gerente era incentivado a comprar pizza para a equipe de terra e deixar que descansasse no refeitório até a chegada dos aviões, para ter certeza de que estaria pronta para ajudar os passageiros. O alto nível de satisfação com o emprego e o respeito próprio os motivava a prestar um bom serviço. No final, a fidelidade dos clientes se converteu em crescimento dos negócios.

Não deixe escapar essa vantagem potencial. Você ficaria surpreso de saber quantas companhias perdem essa oportunidade.

Para ter sucesso, você precisa pensar no sucesso da equipe

Não importa se você marcou cada um dos oitenta pontos da sua equipe em um jogo de basquete; se a outra equipe tiver marcado 84, você perde o jogo do mesmo jeito. Além disso, talvez você estivesse monopolizando as jogadas, o que desmoraliza o resto da equipe e faz com que perca o interesse em ajudá-lo a fazer cestas.

Os grandes jogadores mantêm a equipe unida, têm espírito de liderança. Eles incentivam os outros jogadores a dar duro, aplaudem o sucesso deles e os encorajam a seguir em frente mesmo quando as coisas não vão bem. Observe os verdadeiros astros jogarem. Você os vê gritar com os outros jogadores durante o jogo todo. Passam a bola quando não estão em condições de arremessar e protegem quem está arremessando. Eles acreditam nos companheiros de equipe e sua fé levanta o moral de cada um no jogo. Quando se tornam o centro das atenções, trazem os outros jogadores para junto de si e fazem questão de valorizar a participação deles no sucesso da equipe. E, é claro, jogam muito bem.

Todo mundo deseja progredir na vida. Mas, se os seus objetivos forem muito egoístas, você nunca conseguirá o apoio de que necessita para obter os resultados desejados. Procure trabalhar em equipe para entregar valor ao cliente. Esse é o caminho para o verdadeiro sucesso.

Ninguém é insubstituível

Muitas vezes os gerentes ficam na situação de refém com um funcionário muito talentoso. O gerente acha que a pessoa é valiosa demais para ele perder e acaba abrindo mão de seus padrões de desempenho e conduta. Com isso, o funcionário pode se tornar hostil e exigente e começar a contaminar o restante da equipe. Quanto mais ele se afastar, mais desdenhoso se tornará e mais decepcionada a equipe ficará. É um ciclo vicioso e prejudicial.

Veja como um grande executivo lidou com uma situação como essa. Um grupo de elite foi reunido para planejar uma iniciativa importante. A diretoria escolheu um líder para a equipe, mas depois mudou de idéia e deu o cargo a outra pessoa, contra a vontade dos membros da equipe. Eles se irritaram e começaram a espalhar o boato de que estavam atualizando seus currículos. O novo líder convocou uma reunião logo no primeiro dia. Eles esperavam que ele implorasse para que ficassem, mas não foi isso que aconteceu.

Com firmeza, mas impassível, ele disse a todos que, se pretendiam se despedir, que o fizessem naquele mesmo dia. Se voltassem no dia seguinte, ele entenderia que estavam comprometidos com o projeto e mudariam de atitude. Também fez questão de dizer que gostaria que eles permanecessem, mas nas condições por ele determinadas – comprometimento total, sem pressões. Confrontados com a realidade de que não eram insubstituíveis, todos os membros da equipe permaneceram e adotaram uma nova atitude.

Ninguém é tão valioso que não possa ser substituído. Não permita que o façam refém. Informe às pessoas o quanto você as valoriza, mas deixe claro também que fará alterações se for necessário. É melhor para você e para elas.

Você não pode forçar ninguém a ser produtivo

É comum os gerentes pensarem que a função deles é fazer com que uma pessoa improdutiva se torne produtiva. Isso é uma falácia. Como gerente, você pode incentivar as pessoas a serem produtivas, estabelecer padrões e apoiá-las durante o processo, mas nunca fará alguém ser produtivo se ele não quiser. Além de ser um desperdício de energia, atrasa todos à sua volta. É preciso que o funcionário tenha a vontade de mudar. Geralmente essa pessoa faz o mínimo, o suficiente para "passar". Enquanto isso, você está desperdiçando 15% do seu tempo tentando fazê-la se aproximar do padrão de desempenho.

Cuidadosamente, mostre a importância da responsabilidade (consulte o tópico "Responsabilidade começa no começo") e defina um período de tempo para ela melhorar. Se o desempenho da pessoa não atingir o nível esperado, encerre a relação.

Dizer a mesma coisa repetidas vezes e esperar uma resposta diferente só trará frustração. Se você tem um colega ou funcionário que nunca cumpre uma promessa, pare de esperar. Se a pessoa trabalha para você, tome as medidas adequadas. Se ele for um profissional do mesmo nível que o seu, diminua sua dependência dele. Você coloca em risco seu próprio desempenho ao esperar que os outros se comportem de forma diferente da que estão acostumados a proceder.

Procure os geradores de energia

As pessoas à sua volta afetam consideravelmente sua energia, sua produtividade e sua capacidade de aprendizado. Tire vantagem disso.

Pessoas inteligentes, motivadas e produtivas são como um choque elétrico. Elas impulsionam você para a frente. Fazem com que você se sinta e trabalhe melhor. Elas tornam o trabalho mais agradável. Em contrapartida, pessoas cínicas e negativas são um escoadouro de energia. Você entra em uma sala de reunião com elas e chega a sentir a vida sendo sugada de você. Sente-se cansado e entediado.

Passe o máximo de tempo possível rodeado por geradores de energia. Ao formar uma equipe, selecione pessoas que trazem vigor para o trabalho. Elas servirão de combustível para você e entre si. Farão mais, melhor e com menos esforço. Reduza o tempo que você passa ao lado de sugadores de energia. Quando você repetir o filme daquele dia, verifique se você não o deu de bandeja para essas pessoas.

Cercar-se de geradores de energia é a forma mais alta de respeito próprio. Mais do que qualquer outra mudança que você possa fazer sozinho, isso transformará sua vida profissional.

Respeite os guardiões

Um guardião é alguém (geralmente um assistente administrativo) que controla o acesso a uma pessoa importante. Os altos executivos compartilham informações com eles e confiam no seu julgamento e nas suas percepções. Os assistentes ajudam os executivos a tomarem decisões importantes sobre prioridades diárias e agendamento. Muitas vezes são eles que decidem quem o chefe receberá ou não.

É comum os altos executivos recorrerem aos assistentes para saber o que está acontecendo na linha de frente ou captar o clima da empresa. Nunca subestime a importância dessas pessoas. É uma idéia ultrapassada pensar que eles estão ali apenas para servir café.

Veja a seguir um exemplo clássico do pensamento da escola antiga. Um executivo queria chegar ao presidente. Ele ficou pressionando a assistente executiva do presidente para ser atendido, dizendo que era muito importante, mas não disse a ela do que se tratava. Ele não imaginava que a assistente poderia ter a resposta ao que ele queria perguntar. A assistente finalmente concordou em interromper o presidente. Quando ele atendeu o executivo, descobriu que o assunto não era tão urgente assim e que a assistente poderia tê-lo resolvido. Tanto o presidente como a assistente ficaram furiosos e isso estremeceu a relação do executivo com ambos.

Os assistentes ou guardiões são profissionais inteligentes e talentosos. Merecem o seu respeito e sabem quando não o estão recebendo.

FUNDAMENTO 4

Comunique-se bem em todas as direções

A comunicação ajuda a trazer os melhores pensamentos para a conversa no momento certo. Ela quebra barreiras e reduz o medo e a incerteza. Fortalece as relações, aperfeiçoa os produtos e motiva os funcionários.

No mundo de hoje, as empresas estão sempre se deparando com novos desafios de comunicação. À medida que a distribuição de informações ficou mais fácil, muitas pessoas passaram a confundir envio e recebimento de informações com comunicação. Elas usam a tecnologia para substituir a comunicação em vez de aprimorá-la. Escondem-se atrás de e-mails e correios de voz para evitar conversas difíceis que precisariam ter frente a frente. Como a velocidade das mudanças cria a necessidade de uma coordenação melhor de esforços, as empresas correm o risco de sofrer um colapso nas comunicações.

Uma falha de comunicação pode ser algo desastroso. Pode afundar carreiras e até companhias inteiras. Às vezes, a falta de comunicação se apresenta quando as pessoas tentam apressar você. Elas podem dizer que estão entendendo tudo o que você está falando mesmo quando você sabe que não estão. Evite cair nessa armadilha e em outras que levam à falta de comunicação seguindo as regras deste capítulo. Elas podem ajudá-lo a ser um bom comunicador.

Saber se comunicar é um dom valorizado em qualquer empresa. A comunicação eficiente requer um investimento de pensamento sobre a outra pessoa – de que informações ela precisa, qual seria o meio mais apropriado de transmiti-las e qual é o objetivo. A comunicação é bilateral. Escutar e saber qual o impacto que você está exercendo sobre as outras pessoas faz parte da verdadeira comunicação. As interações humanas podem ser complicadas. Elas requerem habilidade, mas têm grande poder de melhorar as empresas.

Estabeleça um ritmo

Jogadores de futebol, músicos, soldados – qualquer grupo que precise trabalhar de forma orquestrada – devem estar em sintonia. Os líderes precisam reconhecer a importância de se criar um ritmo de comunicação regular. Atualizações de e-mail diárias, reuniões de equipe semanais e reuniões com o chefe a cada duas semanas tudo se combina para criar um ritmo constante. Esse ritmo proporciona a estrutura e a urgência de que os membros da equipe precisam para que se mantenham afinados entre si. Ele cria energia e condições favoráveis, aumentando a produtividade.

Apesar das atribulações e do conflito de prioridades, não adie reuniões agendadas regularmente. Se você não puder comparecer nem escrever uma mensagem, arrume um substituto. Faça dos relatórios diários ou semanais uma necessidade, seja por e-mail, em papel ou pessoalmente. Leia e responda os relatórios prontamente, dentro do período de tempo esperado. Deixe claro tudo que for prioridade. Mantenha um fluxo constante de informações. Dê ciência a seu chefe, seus funcionários e seus colegas sobre o que você está fazendo, o que já fez e o que planeja fazer no dia seguinte.

Expectativas consistentes geram resultados consistentes. O gerente define a velocidade, a equipe mantém o ritmo. Use a comunicação freqüente para aprimorar a precisão e o *timing* da sua empresa.

Se for importante, fale duas vezes

Quando um cirurgião pede sangue O negativo a uma enfermeira, ela responde: "Aqui está o sangue O negativo", e não um simples "O.k., tome aqui". Ela repete o pedido como parte de um processo que visa eliminar erros. Os riscos são muito altos para permitir uma falha de comunicação.

Quando os riscos forem altos no seu mundo, fale pelo menos duas vezes. Faça o acompanhamento da conversa por escrito. Deixe uma mensagem no correio de voz e/ou envie um e-mail. Você está se relacionando com pessoas que lidam com muitos assuntos ao mesmo tempo. Certifique-se de que elas receberam a mensagem e peça que confirmem o recebimento. Se ainda não tiver recebido resposta e já tiver se passado tempo suficiente, mande um lembrete. Olhe nos olhos das pessoas quando estiver falando com elas para confirmar que está estabelecendo conexão. Depois faça uma pergunta para ter certeza de que elas entenderam o que você quis dizer.

A redundância no processo de comunicação nunca é demais, principalmente quando há muita coisa envolvida.

Escute ativamente

Escute ativamente e não passivamente. A escuta ativa demonstra respeito. Ela aumenta a confiança e a probabilidade de que a outra pessoa compartilhe informações com você no futuro. Geralmente, as pessoas se aproximam para um diálogo achando que precisam "vencer". Essa é uma das razões pelas quais não desenvolvemos o hábito de escutar e interrompemos os outros.

Preste atenção em como as pessoas agem quando estão falando. Procure entender o que elas estão lhe dizendo. Faça perguntas. Concentre-se totalmente na pessoa que está falando. Olhe-a nos olhos. Observe sua atitude e sua linguagem corporal – tudo faz parte do que ela está dizendo. Às vezes, a boca diz uma coisa, mas o corpo transmite uma idéia completamente diferente. Você precisa escutar ativamente para fazer a "leitura" correta.

É comum o presidente de uma empresa perguntar aos consultores: "O que o meu pessoal anda falando?" Um bom presidente perguntaria: "Que perguntas o meu pessoal anda fazendo?" Ele sabe que o questionamento demonstra um nível mais profundo de pensamento e um desejo de compreender.

Escute ativamente na próxima conversa que você tiver. Quando repetir o filme (consulte o tópico "Repita o filme"), pense no quanto foi diferente a troca. Com certeza, o saldo será bem mais positivo.

Ouça o que você está dizendo

Alguma vez você já se perguntou como os vendedores conseguem repetir a mesma abordagem, semana após semana, e fazer com que pareça sempre natural, como se estivessem falando pela primeira vez? Quer saber qual é o segredo deles? Ouvir as próprias palavras.

Às vezes, as pessoas ligam o piloto automático no trabalho. Estão passando um filme mentalmente. Já fizeram a apresentação tantas vezes que clicam na fala nº 10 sobre a filosofia da empresa e param de prestar atenção. Você já se pegou no meio de uma frase perguntando: "O que estou dizendo?" Pare. Respire fundo e comece novamente. Ouça suas palavras. Retome o assunto dizendo "Acho que o meu ponto principal é este..." e ouça a si mesmo. É isso que você está pedindo que as outras pessoas façam. Assim você se manterá concentrado e conseguirá ser objetivo.

Isso serve principalmente para apresentações a grupos. Se estiver lendo para o público, ouça a si mesmo enquanto fala. Você será mais natural e sincero.

Avalie o impacto que você exerce sobre as outras pessoas

Como você afeta as pessoas à sua volta? Quando você está falando, elas parecem estar tensas? Começam a olhar para o relógio? Ficam sonolentas? Ou você sente que estão entusiasmadas? Nossas palavras e ações afetam as outras pessoas, às vezes de forma positiva, outras não. Para liderar pessoas, você precisa conhecer o impacto que exerce sobre elas.

Aprenda a observar a linguagem corporal dos outros enquanto fala. Se não estiver obtendo o impacto desejado em uma conversa, pergunte à outra pessoa: "Acho que não estou me fazendo entender. Você pode me ajudar a descobrir o que não estou conseguindo transmitir?" Esta é uma pergunta fundamental. Faça-a com sinceridade para que as pessoas saibam que podem ser honestas com você. E escute atentamente a resposta.

Geralmente a resposta estará relacionada ao seu estilo de falar. Se o seu estilo estiver afetando uma pessoa assim, é muito provável que esteja fazendo o mesmo com outras. Agradeça à pessoa pela franqueza. Se você ficar aberto ao que a outra pessoa está lhe dizendo, essas conversas poderão lhe proporcionar um momento de reflexão que aumentará consideravelmente sua capacidade de se comunicar com as outras pessoas.

De posse dessa informação, guie-se por ela. Conte ao seu chefe ou a uma pessoa em que você confia sobre o feedback que recebeu. Peça a opinião dele e desenvolva uma estratégia de aperfeiçoamento.

Escolha suas batalhas

Sempre há várias batalhas a lutar, sobretudo quando sua opinião é diferente da dos outros. Mas você não pode vencer todas. Além disso, se estiver sempre lutando, alienará as pessoas à sua volta, que são necessárias para alcançar os resultados que deseja. Você pode se magoar no processo. Ou pior: as pessoas podem parar de ouvi-lo. “Esse é o Fred, ele sempre encontra alguma coisa para reclamar.”

Não tente ganhar todas as batalhas. Lute apenas pelas que forem realmente importantes para você. Pare e pense. É melhor deixar para lá e poupar energia para algo que realmente importa. Quando resolver lutar por uma idéia, será mais fácil obter o apoio das outras pessoas porque elas sabem que você só entra em batalhas nas quais acredita.

Quando decidir que vale a pena lutar, tome cuidado para não estragar relações antigas nem deixar que a disputa se torne uma questão pessoal. Essa conduta é antiprofissional, mesmo que o colega parta para um ataque pessoal. Você está trabalhando e não começando uma guerra. Evite usar a abordagem de ganhar a qualquer custo. Seja educado e convença pelo embasamento dos seus argumentos. A melhor forma de vencer uma batalha é se preparando, planejando e obtendo apoio antes que a decisão seja tomada.

Evite as surpresas

A freqüência de comunicação que um chefe deseja pode variar, mas nenhum gosta de surpresas. Se acontecer algo que seja do interesse do seu chefe, não deixe que ele saiba por outra pessoa. Estas são algumas coisas que você deve dizer ao seu chefe imediatamente:

- Uma pessoa-chave anuncia que está deixando a empresa para ir para um concorrente.
- Parece que você não conseguirá cumprir suas metas trimestrais (mostre a ele antes que ele mostre a você).
- Você deu um passo errado na relação com um cliente importante.
- Você pretende pedir um favor a um dos contatos do seu chefe.
- Você ou sua equipe cometeu um grande erro. (Consulte o tópico "Aprenda com seus erros".)

Seu chefe confia em você para garantir que ele receberá as informações necessárias no momento certo. Quando ele perde essa confiança, deixa de acreditar em você e na relação de trabalho. Seja sempre o primeiro a trazer a notícia e informe à sua equipe que espera o mesmo deles.

Agradeça

Às vezes, um bom comportamento nos negócios é resultado de uma boa educação. Quando éramos crianças, nossos pais nos ensinaram a agradecer porque queriam que tivéssemos uma vida feliz e produtiva.

Quando alguém fizer algo especial para você, escreva-lhe um bilhete de agradecimento. Leva apenas alguns minutos, mas a boa impressão ficará marcada para sempre. Mantenha um estoque de papéis para bilhetes na maleta ou na mesa. Sente-se e escreva o bilhete assim que tiver o impulso. As pessoas se lembrarão.

Se alguém ajudar você a se preparar para uma entrevista de emprego, envie uma mensagem agradecendo e depois telefone ou escreva contando como foi. As pessoas que investiram nos seus objetivos vão gostar de saber o que aconteceu.

Não seja hipócrita, pois isso destrói sua credibilidade. Só envie bilhetes de agradecimento sinceros.

Responda os e-mails e ligações em até 24 horas

Comprometa-se a responder os e-mails e ligações em até 24 horas. Assuma esse procedimento como padrão e cobre de si mesmo o seu cumprimento. Comece trocando a mensagem do seu correio de voz para indicar que você responderá dentro desse período de tempo. Essa simples ação já demonstra responsabilidade.

Em seguida, coloque-a em prática. Sempre que ouvir uma mensagem, tome nota em uma lista de telefonemas e mantenha as informações sempre no mesmo lugar. Ao verificar seu correio de voz, não deixe de anotar o dia e a hora da ligação, quem ligou, a mensagem, quando você retornou ou se delegou a resposta a outra pessoa. Revise essa lista e a sua caixa de entrada de e-mails pelo menos uma vez por dia para ter certeza de que respondeu a todas as mensagens que precisavam de uma resposta. Se estiver esperando informações de uma terceira pessoa para poder responder, diga isso à pessoa que lhe cobrou resposta e dê a ela uma previsão de quando receberá notícias suas.

Caso não seja necessário falar com a pessoa, envie uma resposta por e-mail ou deixe uma mensagem no correio de voz. Se for algo que você possa delegar, deixe uma mensagem avisando sobre a transferência da tarefa: "Meu assistente, Carlos, lhe dará um retorno. Caso ele não dê notícias até o final da semana, por favor me avise."

Comprometa-se a cumprir esse objetivo sempre, a menos que não esteja no escritório. Neste caso, troque sua mensagem no correio de voz e no programa de e-mail para informar às pessoas quem elas devem procurar no escritório durante a sua ausência. A resposta rápida sinaliza para as pessoas que você é capaz de gerenciar seu tempo e respeita o tempo delas.

Escreva um discurso de elevador

Esteja preparado para dizer por que sua empresa ou departamento se destaca durante o tempo que o elevador leva para subir do primeiro ao décimo andar. Conte a história sempre que tiver chance. É bom para os negócios, para ganhar clientes e para você mesmo.

Muitas empresas têm uma proposição de valor – uma combinação exclusiva de atributos que faz com que elas se destaquem. A da sua empresa está definida? Se não estiver, vá ao site dela e depois visite o dos concorrentes. Tome nota do que faz a sua empresa ser diferente. Ela ganhou algum prêmio por serviços prestados? Vocês têm uma abordagem comprovadamente exclusiva? Mais experiência ou flexibilidade? Um conjunto completo de serviços? Escreva quem é o seu cliente, o que vocês lhe oferecem e por que ele deve escolher a sua companhia e não outra.

Agora, converta essas informações em uma conversa franca. Pense em uma história que mostre a proposição de valor em ação. Eis um exemplo de uma empresa de planos de saúde:

> Eu trabalho na Morningsun Health, uma empresa de planos de saúde especializada em serviços diferenciados. Deixe-me dar um exemplo. Uma nova associada ligou no mês passado e descobrimos que ela tinha acabado de comprar uma cadeira de rodas, por isso ligamos para o fornecedor para darlhe cobertura retroativa. Ela havia ligado apenas para saber se o plano pagaria os seus remédios.

Essa é uma história real. Boas empresas têm boas histórias para contar. Descubra como contar a sua.

Observação: se a sua empresa não tiver uma declaração formal de proposição de valor, dê partida ao processo para defini-la. No mínimo, compartilhe seu discurso de elevador com os outros membros da equipe e certifique-se de que eles entendem a força de uma mensagem pública consistente.

Compartilhe as boas notícias e as más também

O presidente de uma pequena empresa tinha uma equipe talentosa que ele formou durante vários anos de forte crescimento. Regularmente, ele contava alguma boa notícia sobre o desempenho da empresa e as futuras chances de sucesso. Então veio a retração econômica e o ritmo de crescimento diminuiu. O presidente teve uma conversa particular com cada pessoa-chave da equipe. Explicou o impacto econômico, descreveu seu plano de ação e pediu que cada um desse sua opinião. Os salários foram reduzidos durante um tempo, mas ele não perdeu um único empregado. Na verdade, os membros da equipe levantaram recursos próprios para ajudar a companhia a progredir.

Alguns gerentes só comunicam que tudo está indo bem. São como chefes de torcida, que criam uma atmosfera otimista e cheia de energia, mas ilusória. Outros gerentes só comunicam o que está indo mal, criando uma atmosfera voltada para soluções, mas negativa. Os dois tipos de comunicação são vitais. Compartilhar os sucessos mantém as pessoas motivadas. Compartilhar os desafios permite que cada um participe da solução. Uma comunicação equilibrada resulta em um ambiente confiante e equilibrado. Não se limite a transmitir apenas um tipo de notícia.

Admitir que as coisas não estão indo bem pode fazer com que você se sinta vulnerável e requer coragem. Mas dizer a verdade, principalmente quando ela é difícil, gera confiança.

Vá direto ao assunto

Sabendo que, geralmente, os relatórios executivos têm apenas uma página e muitos presidentes de empresas programam seu tempo em intervalos de 15 minutos, é fácil entender que você precisa ser breve para ser ouvido.

Levamos um certo tempo para pensar com clareza e colocar as idéias em seqüência. É por isso que a maioria das pessoas não consegue ser objetiva. Quando você não age dessa forma, está pedindo que os ouvintes sintetizem as idéias e os dados para que você não precise fazê-lo. Essa atitude pode irritá-los e você corre o risco de pararem de ouvir o que está dizendo.

Faça um rascunho para preparar-se para conversas, memorandos, relatórios e até e-mails que sejam importantes. Faça disso um hábito. Defina sua mensagem, as idéias e os fatos que são importantes para compreendê-la e a seqüência mais adequada para transmiti-la. Se houver muita informação, divida-a em seções e dê um título a cada uma delas, a fim de ajudar o leitor a acompanhar a seqüência de idéias. Caso esteja preparando uma conversa, use esses títulos para estruturar a pauta. Se estiver pedindo algo, deixe clara essa questão. Se você deixar que a outra pessoa adivinhe o que você quer, provavelmente não conseguirá o que almeja.

Quanto mais alto na hierarquia da empresa os seus ouvintes estiverem, mais importante será que você saiba o que quer dizer, que o diga de forma concisa e que peça o que deseja.

Pergunte aos colegas e à equipe o que eles acham

No dia-a-dia há ocasiões em que você não tem tempo para pedir a opinião de quem trabalha com você. Mas arrume um tempo para colocar a inteligência deles em prol do processo. Sempre vale a pena. Se você fizer a sua parte e der a eles uma visão geral dos acontecimentos, os comentários poderão apontar coisas que talvez você não perceba, como obstáculos à implementação e oportunidades para otimizar as relações existentes.

Estas são algumas das ocasiões em que você não pode deixar de pedir a opinião deles:

- A definição de uma nova política.
- A identificação de novos clientes potenciais.
- O aperfeiçoamento de um processo existente.
- A avaliação de uma nova tecnologia.
- A determinação das necessidades de qualificação e das oportunidades de treinamento.
- A avaliação de possíveis cortes de recursos na sua área.

As pessoas que trabalham com você têm uma perspectiva diferente e criteriosa. Peça que elas a exponham.

Fique aberto para outros pontos de vista

Quando uma pessoa vê as coisas de uma forma diferente de você, considere a possibilidade de ela estar certa. Ao abrir-se para outras possibilidades, você se livra da humilhação de ter sido intransigente se for constatado que você estava errado. Isso também estimula a troca respeitosa de idéias.

Quando você discorda de uma pessoa, é importante que ela saiba como você se sente. Também é importante que você fale de forma a não fechar as portas para as opiniões dela. Diga "eu tenho uma visão diferente" e não apenas "discordo", pois isso significa que você acha que a outra pessoa está errada. "Eu tenho uma visão diferente" dá a idéia de que "você pode estar certo, mas deixe eu lhe dizer o que acho". Fazendo isso, você permanece aberto para o ponto de vista dela.

Se ainda assim ela vir as coisas de forma diferente, você pode explicar por que o seu ponto de vista faz mais sentido. Use fatos para embasar sua posição e seja específico. Se mesmo assim vocês discordarem, a pessoa com maior autoridade deve tomar a decisão. Se for você, atenue o fato de estar se sobrepondo à outra pessoa admitindo que não existe certo ou errado, mas que, como é o responsável pela decisão, precisa usar o seu bom senso. Peça-lhe para apoiar sua decisão. Se for o oposto, ceda e ofereça a ela o seu apoio.

É saudável contestar idéias. Um debate construtivo leva às melhores decisões. As pessoas dão o melhor de si para fazer julgamentos imparciais em um ambiente onde raramente têm todas as informações ao alcance. É possível discordar respeitando o ponto de vista da outra pessoa.

Seja perito em dar feedbacks

Não há melhor forma de você obter o que deseja do que pedindo. O feedback é um meio excelente de comunicar aos colegas e à equipe o que espera deles. Mas ele precisa ser dado de forma adequada.

Experimente estas técnicas:

- Informe às pessoas com quem trabalha que você gosta de dar feedback com freqüência para que elas saibam como estão indo.
- Peça permissão à outra pessoa para dar o feedback e deixe que ela defina a hora propícia. Isso valoriza a outra pessoa e faz com que fique aberta aos comentários.
- Se o feedback for negativo, comece falando dos pontos positivos: "Pude observar que você aprendeu muito nos últimos meses e está se esforçando para fazer um bom trabalho." O feedback negativo será mais bem recebido se for aliado ao positivo. Também é importante dar feedback positivo quando merecido. Dizer a alguém que ele está no caminho certo é uma boa forma de reforçar um bom desempenho.
- Sempre que possível, dê feedback baseado em dados. Por exemplo: "O grau de satisfação de seus clientes é de 60%, enquanto a média da empresa é de 75%. Gostaria de lhe dar algumas idéias para elevar o seu desempenho." Fatos que não podem ser contestados ajudam a tornar o feedback impessoal.
- Seja rápido e objetivo. Se o feedback se alongar muito, perde a finalidade.

- Seja específico. Não diga: "Bom trabalho durante a reunião." Em vez disso, diga: "Na reunião, gostei muito quando você disse a Kelly que trataria do caso dela em particular. Foi uma forma excelente de manter as coisas sob controle."

- Concentre-se no que as pessoas fazem em vez de ficar especulando sobre o que as motiva. O modo como se comportam é que é relevante. Elas ficarão na defensiva – e com razão – se você julgá-las de maneira mais subjetiva.

- Dê feedback negativo em particular e feedback positivo em público, se perceber que a pessoa se sente confortável com isso.

- Solicite feedback de sua equipe e mostre a eles como fazê-lo de forma construtiva. Quando alguém se aproximar com um comentário, fique aberto, ouça, agradeça e peça-lhe que dê outros feedbacks no futuro. (Consulte o tópico "Solicite feedback e valorize-o".) Se for um comentário válido, esforce-se para mudar. Nada encoraja mais as pessoas do que saberem que podem dizer-lhe o que pensam e verem que deu resultado.

Não fuja de conversas difíceis

As conversas difíceis fazem parte da vida. Se tiver que enfrentar uma delas, não se esconda atrás de outra pessoa. Assuma a responsabilidade. Dar um feedback delicado a um colega, informar a alguém que ele não será promovido, lidar com um funcionário ou cliente agressivo — essas são as complicadas, desconfortáveis e dolorosas interações humanas do trabalho. E são realmente necessárias.

Veja o exemplo de dois empresários que começaram um negócio juntos. Eles cometeram muitos erros no primeiro projeto. Para colocarem os negócios nos trilhos novamente, eles precisaram ter uma série de conversas delicadas com funcionários, clientes, fornecedores. Um deles tocava essas conversas, enquanto o outro as evitava. O primeiro empresário adquiriu a reputação de pessoa honesta e franca junto aos fornecedores e funcionários. O outro passou a impressão de fraco e de que se escondia na sombra do primeiro.

Lide com essas situações com honestidade e simpatia. É normal se sentir desconfortável. Faça um resumo prévio do que irá dizer. Antecipe as possíveis reações e respostas. Sempre conduza essas conversas pessoalmente, em particular e de forma discreta. Não há necessidade alguma de repreender as pessoas publicamente. Elas aceitarão o feedback com prazer se não se sentirem atacadas. Atenha-se ao que você tem a dizer, seja conciso e concentre-se no assunto em pauta.

Sinceridade é muito importante

Sinceridade é algo raro hoje em dia. Sua escassez a torna ainda mais valiosa. Seja honesto sem ofender. Isso aumenta o seu valor.

Veja a experiência de Arthur. No dia seguinte à apresentação de uma colega, Arthur a parabenizou pelo excelente trabalho. Antes mesmo que ele se desse conta, ela passou a discutir com ele suas idéias antes das apresentações. Um dia, Arthur entrou na sala dela após uma apresentação e fez uma crítica. Ela perguntou com rispidez o que ele queria dizer com aquilo. Parecia irritada, mas acabou agradecendo no final. Arthur não estava muito à vontade, mas achou que, se ela confiava nele para comentar todos os tipos de assunto, era porque sabia que ele diria a verdade. À medida que a carreira dela progrediu, ela passou a ajudar Arthur na dele.

Quando colegas ou membros da equipe pedirem a sua opinião, emita-a com respeito e em particular. Eles podem nem sempre querer ouvir o que você tem a dizer, mas recorrerão a você quando precisarem ouvir a verdade. Procure desenvolver a reputação de alguém "que dá respostas honestas".

Ambientes de mudança e indefinição requerem mais comunicação, não menos

Se você estiver andando em uma cidade que não conhece muito bem e for parar em uma rua totalmente deserta, o que acontece com o seu nível de ansiedade? Sobe, não é? O nosso maior medo em um ambiente incerto é o isolamento, pois ele nos deixa vulneráveis. Nos negócios há muitas situações incertas: um novo chefe que chega, a ameaça de aquisição da empresa por outra, uma retração econômica, uma reorganização interna. Há grandes chances de você precisar gerenciar uma equipe em pelo menos um desses períodos.

Quando estiver nesse tipo de situação, intensifique a comunicação. Sem as informações corretas, as pessoas tiram suas próprias conclusões e o cenário fictício que imaginam pode ser muito pior do que a vida real. A paranóia se espalha rapidamente se você não a confrontar com fatos. Para complicar, as pessoas não costumam ouvir bem quando estão com medo. Se você não souber o que está acontecendo, seja honesto. Se souber, mas não puder dizer, não minta. Simplesmente ligue para sua equipe sempre que puder para que as pessoas não se sintam isoladas. Lembre-se de que o que é óbvio para você pode não ser para as outras pessoas. Continue a informá-las do que está acontecendo.

A comunicação freqüente gera confiança e permite que as pessoas continuem sendo produtivas. Em um ambiente incerto, essa é a melhor proteção que alguém pode oferecer.

Expresse sua raiva de forma construtiva

A raiva é uma resposta legítima em algumas situações. Mas expressar raiva e perder o controle são duas coisas diferentes. Perder o controle é uma atitude inadequada e comodista. Faz você se sentir forte temporariamente, mas o enfraquece aos olhos das outras pessoas. E isso prejudica as relações, às vezes de forma irreparável, porque afasta as pessoas, causa embaraços e compromete a sua reputação. Se você sentir que está perdendo o controle, dê um tempo a si mesmo para ganhar perspectiva. Espere uma hora ou um dia para resolver o assunto.

As pessoas não costumam responder bem à intimidação. Procure expressar sua frustração de forma a promover melhor desempenho das pessoas que trabalham com você. Isole a questão principal e abra um diálogo. "Estou chateado porque parece que você tomou uma decisão que nos custou a perda de um bom cliente. Ajude-me a entender o que motivou sua decisão." A conversa poderá lhe dar uma nova visão.

Se ainda assim parecer que a outra pessoa estava simplesmente fora de sintonia, fale claramente. Esclareça os fatos com objetividade, responda honestamente e explique como você gostaria que as coisas fossem feitas na próxima vez. "Discordo da sua lógica. Sua atitude nos fez perder um cliente. No futuro, peça a minha opinião ou a de outros membros da equipe antes de tomar esse tipo de decisão, está bem?"

Um ataque de raiva coloca as pessoas na defensiva. Se você expressar suas preocupações de forma construtiva, as pessoas continuarão abertas para aprender e se aperfeiçoar.

Evite medir o seu desempenho a cada cinco minutos

Quando as pessoas se sentem indispostas, tiram a temperatura com freqüência. É bom ouvir de vez em quando o que o seu corpo tem a dizer. Essa medição confirma se você está entendendo a situação corretamente. Porém, se você ficar tirando a temperatura toda hora, é sinal de que pode estar exagerando os sintomas ou vivendo com medo.

O escritório é um ambiente competitivo voltado para a conquista de resultados. É um lugar para a auto-suficiência e não para medir a "temperatura emocional" a cada cinco minutos.

Não procure seu chefe a todo momento para solicitar aprovação. Não o coloque na cópia de todo e-mail que você envia. Não peça para ele refletir sobre todos os itens da sua lista de tarefas. Agindo assim, você estará tentando se proteger fazendo com que ele assuma a responsabilidade por tarefas que são suas. Aí é que está o problema: seu chefe quer que você assuma a responsabilidade. Você é pago para usar o seu bom senso, comunicar-se adequadamente e fazer o seu trabalho.

Aja de modo independente. Atenha-se a um processo bem estudado para ter confiança no resultado de cada tarefa. Se cometer algum erro, aprenda com ele – o Sol se levantará amanhã novamente. Compartilhe as decisões importantes com seu chefe durante o processo por meio de e-mails curtos que destaquem as informações de que ele necessita.

Mas não deixe de procurá-lo se estiver gerenciando um projeto de alta importância e precisar da opinião dele.

FUNDAMENTO 5

Saiba como apresentar resultados

Para obter resultados, você tem que saber o que precisa alcançar e fazê-lo do modo mais eficiente possível. Você pode fazer isso seguindo um processo – uma série de etapas que definirão como você está se saindo para atingir o sucesso.

As lições neste capítulo ajudarão você a elaborar (e ater-se a) o melhor e mais eficiente método de fazer as coisas. Se você fizer isso, será visto como uma pessoa organizada e eficaz, e não como alguém que está voando às cegas. A maneira como as pessoas vêem você determina o quanto subirá na empresa.

Você pode criar um processo específico para qualquer projeto. Isso poupará tempo, servirá de subsídio para a tomada de decisões e permitirá que você se concentre no aspecto criativo do seu trabalho. Sua vida será mais fácil se seguir esse processo. Caso isso não aconteça, é sinal de que o processo precisa ser modificado.

Eis um exemplo. Uma empresa foi adquirida há um ano e um grupo de gerentes estava na linha de frente da integração das duas companhias. Eles passavam oito horas por dia em reunião. Durante uma sessão de treinamento, eles conversaram sobre o quanto era difícil divulgar a pauta antes da reunião ou as anotações feitas nela

24 horas após o seu encerramento. Tudo isso fazia parte do processo. Por fim, o instrutor perguntou: "E como seria sem o processo?" O grupo respondeu praticamente em uníssono: "Um caos", e todos começaram a rir.

Podemos dizer que um processo está funcionando quando as pessoas acham que vale a pena o esforço. Trabalhe nos seus processos – a maneira como você faz as coisas – enquanto eles são úteis. Comece identificando as informações importantes que ajudarão você a entender o que está acontecendo agora, a definir objetivos ou metas e a decidir como mensurar o seu sucesso. Inclua todas as pessoas-chave envolvidas. Uma vez estabelecido o processo, use-o disciplinadamente e procure aprimorá-lo.

Dados não são conhecimento

Graças aos computadores, relatórios de auditoria, contadores e impressoras a laser, as pessoas podem jogar toneladas de informações ou dados sobre você com o simples clique em um botão. Provavelmente, não mais do que 10% desse total poderá ser aproveitado.

Qualquer dado, por mais que tenha sido coletado de forma disciplinada, é uma informação bruta. O processo de destilação é que importa. É possível agregar um valor formidável ao sintetizar os dados brutos na informação refinada capaz de aumentar o conhecimento de uma empresa.

Antes de compartilhar os dados, reserve alguns minutos para pensar sobre as necessidades de quem vai recebê-los. Faça-se as seguintes perguntas:

- Como a pessoa usará esses dados? O que é relevante?
- O que há de novo no que estou encaminhando?
- Quanto desses dados que estou enviando a pessoa realmente precisa ver?
- Qual é a melhor forma de formatá-los ou destacá-los para que sua importância fique clara?

Envie apenas os fatos novos e relevantes, apresentando-os de um modo que facilite a leitura. Inclua uma breve explicação do motivo pelo qual você optou por enviar essas informações e que dados adicionais você poderá disponibilizar se o leitor se interessar por ver mais. Ao solicitar informações ou dados de membros da sua equipe, peça-lhes que façam o mesmo para você.

Não jogue espaguete na parede

Antigamente, as mães tinham o hábito de atirar espaguete na parede para ver o ponto da massa – se ele grudasse na parede, era sinal de que estava pronto. Obviamente, perdia-se muito espaguete com esse método. Essa é uma abordagem dispendiosa que as empresas não podem bancar. Seja disciplinado com o uso do planejamento.

Crie uma planilha de planejamento quando começar um novo projeto. Escreva as categorias a seguir na lateral esquerda de uma página, deixando espaço para notas ao lado delas: Objetivo, Medindo o sucesso, Equipe, Fatos relevantes, Comunicação e O plano. No caso de projetos maiores, procure ter acesso a um software de planejamento de projetos. Se não conseguir, mantenha-se fiel à planilha.

OBJETIVO: escreva uma descrição resumida do objetivo. Peça que seu chefe dê uma olhada para ter certeza de que você entendeu a atribuição.

MEDINDO O SUCESSO: anote como você saberá que alcançou seu objetivo. Seja realista a respeito de prazo, orçamento e qualidade. Confira essas informações com seu chefe.

EQUIPE: escreva os nomes das pessoas que terão um papel na consecução do projeto. Elas passarão a ser a equipe do projeto. Envolva também as pessoas que serão afetadas pelo resultado para ter certeza de que estão de acordo com o plano. Essa providência gera bons resultados e elimina obstáculos quando chegar a hora de fazer o trabalho.

FATOS RELEVANTES: liste as informações de que você necessitará para tomar decisões acertadas. Peça a opinião da equipe sobre esse assunto. Considere fatos referentes ao desempenho atual e a tendências ou padrões da indústria. Os fatos ajudam a tornar as discussões impessoais e deixam você mais confiante, ajudando a fazer inovações e a assumir riscos de forma inteligente.

COMUNICAÇÃO: um pingo de comunicação evita uma chuvarada de retrabalho. Tome nota de quando e como você se comunicará com as pessoas-chave para ter certeza de que está no caminho certo. Inclua seu chefe nessa lista.

O PLANO: agende uma reunião de planejamento. Reveja os objetivos e os fatos relevantes com a equipe e decida como o trabalho deve ser feito. Divida a abordagem em etapas, atribua as tarefas e defina prazos de entrega. Escreva essas informações na planilha.

Esse processo aperfeiçoará seus resultados e facilitará a sua vida. Não complique esse exercício. A elaboração da planilha deve levar cerca de dez minutos para projetos pequenos. Esses dez minutos de investimento poderão lhe poupar dias de retrabalho inútil.

Responsabilidade começa no começo

Ao dar uma atribuição, deixe claro para os membros da equipe quais são as suas expectativas. Você não pode atribuir responsabilidade aos outros depois de ocorrido o fato. Estabeleça as bases desde o começo. Diga às pessoas o que deseja que elas façam, quando você precisa que esteja pronto e como irá medir o sucesso.

Diga também as conseqüências que advirão caso elas não cumpram o determinado. Se o bônus que elas receberão estiver vinculado a um bom desempenho, seja claro a esse respeito. Peça-lhes para confirmar esse compromisso por e-mail para que você tenha certeza de que todos sabem o que está em jogo.

Peça que os membros da equipe opinem sobre quais qualificações e recursos seriam necessários para fornecer um trabalho de alta qualidade e dentro do orçamento. Os recursos podem ser ferramentas, tecnologia, espaço, prazo e pessoal. Eles também devem determinar quanto insumo precisarão que você forneça. Você é um recurso também. (Lembre-se: a responsabilidade de avisá-lo caso alguma dessas necessidades mude durante o curso do projeto é deles.)

Você é responsável por fornecer expectativas claras, confirmar o entendimento deles, obter o que eles precisam e estar disponível quando for necessário. Somente então poderá atribuir aos membros da equipe a responsabilidade caso o projeto acabe atrasando ou superando o orçamento. Se isso acontecer, leve até o fim as conseqüências que você estipulou no início. Sem elas, não há responsabilidade.

Não tenha medo de ser realista

Alguma vez lhe pediram para levar adiante um projeto que você sabia que não era viável? No ritmo esmagador do trabalho, de vez em quando as idéias passam à execução antes de estarem plenamente desenvolvidas. Nem sempre você pode impedir que isso aconteça, mas pode reduzir consideravelmente o número de vezes que acaba enredado na execução de projetos impraticáveis. Vou lhe dizer como.

Quando você receber uma atribuição, pergunte a seu chefe quais são os objetivos finais e como o sucesso será mensurado. Em seguida, reúna as pessoas que estarão envolvidas na consecução do projeto. Forneça-lhes todas as informações de que dispõe. Juntos, determinem como será a estratégia: as tarefas específicas, os marcos de ação, as datas de início e de término, bem como a tecnologia, o espaço, o pessoal e o montante em dinheiro que serão necessários. Atribua tarefas a pessoas específicas para ter certeza de que o conhecimento profissional de que necessita estará disponível quando precisar dele.

Seja criativo. Seja agressivo. Mas, se o projeto realmente não for factível dentro das limitações impostas, seja honesto. Leve a seu chefe um plano realista que dê conta dos objetivos dele. Explique o plano e mostre as especificidades. Enriqueça a conversa com detalhes para evitar que se torne muito teórica. Essa abordagem ajudará você a manter sua carreira no caminho certo e a impedir que a empresa desperdice recursos em idéias destinadas ao fracasso. Se ainda assim o seu chefe insistir para você realizar o plano dentro das limitações originais, dê o máximo de si.

Deixe o seu pessoal agir

As pessoas tendem a exigir mais de si próprias do que de terceiros. É a natureza humana. Forneça aos membros da equipe as informações de que necessitam para determinar como contribuirão. E deixe-os trabalhar.

Informe à equipe como a sua unidade será avaliada e o que eles devem fazer. Defina os objetivos do grupo e elabore um plano de ação. Peça que cada membro da equipe defina seus próprios objetivos e escreva planos de ação individuais. Faça com que vinculem a estratégia deles à da equipe. Certifique-se de que todos definiram prazos de entrega e medições claras do sucesso. Trabalhe com cada membro da equipe na definição desse processo. Feito isso, deixe-os agir, sem supervisioná-los meticulosamente nem sufocar suas iniciativas.

Essa abordagem compensa por dois motivos: maior motivação e desenvolvimento da capacidade de planejamento de toda a equipe. Ela também estabelece as bases para celebrar as realizações da equipe quando acontecerem.

Elabore uma pauta

É incrível a quantidade de reuniões que são realizadas sem uma pauta. Um pauta bem elaborada é uma ferramenta essencial para que os participantes saibam o que se espera deles antes, durante e depois de uma reunião.

Ao convocar uma reunião, prepare uma pauta clara. Inclua:

- O horário de início e de término.
- A finalidade da reunião.
- Os participantes.
- O local (endereço, sala e andar).
- A ordem dos itens a serem abordados.
- As decisões a serem tomadas.
- O que se espera dos participantes (quem está prestando contas do quê).
- Nome e informações de contato da pessoa que convocou a reunião.

Nunca deixe de incluir essas informações, mesmo para reuniões pequenas e informais. Elas passam a mensagem de que o encontro será profissional e objetivo. O mesmo profissionalismo que será exigido dos participantes.

Distribua a pauta com pelo menos 24 horas de antecedência para que as pessoas possam se preparar. Se a reunião for formal ou estratégica, esse prazo deverá ser maior. Isso proporcionará aos participantes tempo suficiente para obter as informações necessárias para a discussão. Fornecer expectativas claras e dar tempo às pessoas para atendê-las aumenta a responsabilidade de cada um, assim como a capacidade de contribuir.

Observação: se você precisar convocar uma reunião inesperada e não tiver tempo de rascunhar uma pauta, use os primeiros minutos para definir a agenda e o objetivo do encontro.

Mantenha o foco das reuniões

Aprenda a gerenciar reuniões. Comece e termine na hora marcada. Nunca comece uma reunião atrasado. Conheço uma instituição financeira que trancava as portas no horário estipulado para as reuniões começarem. Em uma semana, todas estavam começando na hora com todos os participantes na sala. Para acabar na hora, reserve um tempo maior do que o necessário. Ao voltar dos intervalos, comece no horário prometido.

Durante as reuniões fatalmente surgirão idéias e questões não relacionadas ao seu objetivo. Não rechace esses pensamentos criativos: anote-os e guarde-os para mais tarde. Escreva essas idéias em um quadro para que todos possam vê-las. Distribua o conteúdo das anotações no resumo da reunião para que todos os participantes possam pensar depois nessas idéias.

Nunca deixe outra pessoa assumir o controle da pauta da reunião. Se alguém tentar fazer isso, relembre o objetivo do encontro e o seu compromisso em terminar pontualmente, em respeito ao tempo do grupo. Se ainda assim a pessoa teimar em desviá-lo do caminho, faça um intervalo e converse com ela em particular. Diga-lhe que está atrapalhando a pauta e recomende que reúna o grupo em outra ocasião para discutir seus objetivos.

Durante a fase final, resuma o que foi acordado e atribuído. Peça aos participantes para definirem os próximos passos. Assegure-se de que cada pessoa sabe qual é o seu compromisso e o prazo de entrega. Comece a próxima reunião com uma revisão de todas as atribuições, realizações e progressos.

Reuniões custam caro. Reuniões que não atingem os objetivos são um gasto desnecessário. Mantenha-se concentrado.

Espalhe energia nas reuniões

Seja positivo nas reuniões. Isso cria energia e gera condições favoráveis. Vou lhe dizer como:

- Reconheça as realizações dos colegas e parabenize-os.
- Quando o grupo pedir sugestões, contribua com seus melhores pensamentos. Escute as idéias das outras pessoas atentamente.
- Olhe o interlocutor nos olhos. Deixe claro que você está interessado na conversa ou discussão.
- Se você gostar da idéia de alguém, diga-lhe. Se não for apropriado fazê-lo durante a reunião, fale no intervalo ou após a reunião.
- Emita suas preocupações de forma construtiva: "Ajude-me a entender o seu raciocínio" ou "Você pode me fornecer os dados que serviram de subsídio para a sua sugestão?"
- Procure soluções. Nunca rebata uma idéia sem tentar primeiro entendê-la.

Esse tipo de diálogo cativa os participantes e cria um compromisso em torno de um objetivo comum.

Os líderes valorizam as pessoas que trazem energia positiva para as reuniões. Elas aumentam a produtividade da equipe e melhoram a execução do projeto. Nunca subestime o impacto de uma atitude positiva – na equipe ou em sua carreira.

Tente obter o comprometimento das pessoas

Uma noite, o presidente de uma multinacional sentou com o presidente da agência de publicidade que atendia à empresa para desenvolver uma nova, brilhante e convidativa declaração de missão que motivasse as pessoas. Em seguida, viajou pelo mundo distribuindo notas novinhas de US$ 100 a todo funcionário que soubesse recitá-la. Um ano depois, todos a conheciam, mas ninguém a utilizava.

No ano seguinte, ele reuniu pessoas-chave da organização para criar uma outra declaração de missão. Durante esse processo, eles entraram em contato com pessoas de todos os setores da companhia para saber a opinião delas. Um ano depois, a empresa inteira não apenas conhecia a missão como a vivenciava – ela tinha se tornado um foco de energia. E como tal funcionou: a satisfação dos funcionários aumentou, o *turnover* diminuiu e foi substancial o crescimento de novos negócios.

Se você diz às pessoas o que fazer sem permitir que expressem sua opinião, todos sofrem, inclusive os números. Elas farão o trabalho, mas não tão bem. Além disso, você perde um dos mais valiosos recursos que existem, que é a opinião das pessoas que trabalham com você. Uma faixa mais ampla de pensamentos e perspectivas produz um resultado melhor.

A coleta de opiniões das pessoas certas está presente no início e no fim do processo de envolvimento. Descubra quem são os seus principais agentes – a equipe de implementação no campo, a força de vendas ou sua própria equipe, ou seja, qualquer pessoa com grande responsabilidade pelo seu sucesso. Identifique os principais influenciadores, as pessoas mais respeitadas nessas áreas. Converse com cada um em particular para descrever o que está tentando realizar e peça a opinião deles.

Seja sincero. Se você tiver escolhido as pessoas certas, o feedback será muito proveitoso. Use as idéias delas para aprimorar o seu plano. Se todas discordarem da sua abordagem, reavalie-a. Se concordarem, elas se tornarão seus melhores defensores.

Confie na opinião delas. Você terá, como resultado, o melhor plano possível.

Vença os reis e rainhas do caos

Em qualquer empresa sempre há pessoas que tentam evitar mudanças no trabalho criando o caos e, por isso, são apelidadas de "reis e rainhas do caos". As empresas estão em constante evolução. Elas encontram formas melhores de contribuir para a vida dos clientes e isso exige mudanças. Mas muitas pessoas resistem às mudanças porque têm medo do desconhecido. Normalmente, criar o caos é sua primeira resposta.

Os reis e rainhas do caos levantam um muro de resistência com expressões como "Isso não pode ser feito", "Sempre fizemos desse jeito" ou "Deixe-me fazer o papel do advogado do diabo". Eles sempre apresentarão milhares de razões para não fazer algo, porque alimentam o medo infundado de que novas iniciativas estarão sempre fadadas ao fracasso, prejudicando a empresa. Veja como lidar com essas pessoas:

- O poder dos reis e rainhas do caos vem da desinformação. Neutralize a força deles com comunicação freqüente.
- Deixe que eles se expressem, mas não permita que dominem a conversa.
- Use fatos e informações estatísticas para contra-atacar afirmações sem fundamento. Isso afasta o aspecto emocional e apazigua o medo.
- Mantenha informados todos os afetados pela nova iniciativa para que não comecem a dar crédito a boatos.

- Atribua responsabilidades. Pessoas extremamente negativas deixarão que as coisas desandem intencionalmente apenas para provar que a iniciativa fracassou e que estavam certas o tempo todo. Faça questão de mostrar que elas também são responsáveis pelo resultado.
- Passe uma visão positiva do futuro.

Elas não são necessariamente más pessoas, apenas têm medo. Afaste o medo, incentive-as e mostre-lhes como essas mudanças serão benéficas. A maioria responderá à altura e se sentirá mais confiante por ter feito isso.

Cumpra as promessas que fizer

Cumpra suas promessas. Há dois desafios envolvidos: manter registro do que diz e arrumar tempo em um dia já repleto de outras responsabilidades. Veja algumas idéias para resolver esses desafios.

Manter um registro

- Quando você prometer enviar algo, escreva no verso do cartão de apresentação da pessoa. (Se ela não tiver um cartão, anote na sua agenda ou em um de seus próprios cartões. Só não vá dar exatamente esse cartão para outra pessoa.)
- Mantenha uma lista de compromissos em sua agenda separada das outras anotações. Sempre a leve para as reuniões.
- Guarde anotações manuscritas sempre no mesmo lugar.

Arrumar tempo

Chegue 15 minutos mais cedo no trabalho ou fique 15 minutos até mais tarde para fazer um acompanhamento dos assuntos. Se houver uma porta na sua sala, feche-a. Desvie o telefone para o correio de voz. Não deixe que nada o interrompa. Isso exige disciplina, mas vale a pena. Se for rápido, faça o acompanhamento. Se for um compromisso maior, use esse tempo para organizar sua abordagem e programar-se para concluí-lo.

Muito da sua credibilidade desaparece na diferença entre o que você diz e o que faz. As pessoas podem até não lhe cobrar as promessas esquecidas, mas sempre se lembrarão. Por isso, cumpra-as.

O comportamento dispensa explicações

As pessoas revelam quem são logo nos primeiros minutos. Não ignore o que vê, senão isso voltará para assombrá-lo.

Um gerente de banco aprendeu essa lição do modo mais difícil. Ele estava recrutando um gerente-assistente porque quem ocupava o cargo tinha deixado o banco sem cumprir aviso prévio. Todos, inclusive ele, estavam assoberbados de trabalho para compensar a ausência do funcionário. Ele encontrou uma pessoa que parecia ter as qualificações necessárias. Como estava desesperado para colocar alguém na função, por ele a candidata já estava contratada. Ele marcou uma entrevista e pediu que um dos outros gerentes-assistentes o acompanhasse.

A mulher chegou vinte minutos atrasada, explicando que o trânsito estava ruim. Ele lhe ofereceu uma garrafa d'água. Ela pegou a garrafa e colocou-a na bolsa, falando de brincadeira que seria uma longa viagem de volta para casa. Pareceu estranho, mas realmente estava quente lá fora. Durante os vinte minutos em que conversaram, ela o interrompeu diversas vezes. Ele desculpou o comportamento dela, supondo que estava nervosa.

Depois de encerrada a reunião, ele se voltou para o gerente-assistente e pediu sua opinião. O gerente-assistente estava abismado. A candidata tinha chegado atrasada, foi claramente rude e tinha levado algo do escritório. O gerente parecia disposto a ignorar tudo aquilo apenas porque queria preencher a vaga o mais rápido possível. O assistente encarou isso como uma amostra do desempenho dela no trabalho e convenceu o gerente a não contratá-la.

Considere as atitudes das pessoas como indicadores. Embora você não deva tirar conclusões precipitadas, também não ignore o comportamento delas. Não é reprovável interpretar os sinais, apenas sensato.

O orçamento é seu amigo

O orçamento e os relatórios financeiros mensais são ferramentas inestimáveis. Muitas pessoas têm medo do orçamento porque sabem que seu desempenho será avaliado mais à frente. Lembre-se: é melhor fazer um orçamento e ter que voltar atrás do que voar às cegas. É a única forma de aprender com o resultado e melhorar.

Comece confirmando com seu chefe se os objetivos do seu orçamento estão em sintonia com os da companhia. Leve em consideração todos os recursos necessários – espaço, tecnologia, dinheiro e pessoal. Reúna todos os custos e inclua-os no seu orçamento. Confirme seus pressupostos (e os respectivos números) com seu chefe. Seja claro quanto ao que você espera gastar ou arrecadar em dinheiro. Eis um exemplo de uma empresa:

OBJETIVO: contratar vinte pessoas durante os próximos 12 meses, cinco a cada trimestre.

PRESSUPOSTOS: em média, cada contratação requer:

- R$ 10 mil de taxas para a empresa de recrutamento de pessoal.
- Quatro entrevistas, totalizando R$ 400 cada (quatro horas de trabalho da equipe a R$ 100 por hora).
- Uma verificação de antecedentes ao custo de R$ 500.
- Uma orientação a R$ 300.
- R$ 2.500 a título de treinamento durante o primeiro mês.

Seu orçamento total com base nesses cálculos é de R$ 13.700 por contratação. Se o número de contratações aumentar ou diminuir, você poderá calcular facilmente como isso irá afetar o custo porque já terá as estimativas detalhadas.

A empresa confia a você os recursos dela. Baseie os números na sua experiência prévia e em pesquisas. Nunca defina um número inalcançável apenas porque deixará seu chefe feliz. Esse tipo de atitude faz com que todos paguem pelo fracasso. Você agregará mais valor se informar suas metas reais às pessoas acima de você e à sua volta. Responda às perguntas "quanto" e "quantos" sempre que possível. Quantifique tudo que puder ser quantificado, combine tudo que você quantificar com seu chefe e coloque por escrito.

Conheça a fundo os relatórios financeiros

A maioria dos gerentes recebe um pacote mensal de informações sobre o desempenho financeiro e o utiliza de formas diferentes. As informações financeiras são vitais porque permitem monitorar como a empresa, a divisão ou o grupo está se saindo. É importante que você saiba quais informações estão contidas no seu relatório financeiro, como elas foram coletadas, como a sua área está refletida nele e como as suas ações afetam os números.

Se estiver em dúvida sobre o que o relatório quer dizer, procure descobrir. Peça que a pessoa responsável no departamento financeiro, ou a que compila o relatório, o verifique junto com você. Se não entender alguma coisa, fale. Continue perguntando até entender. Diga-lhe que você pretende utilizar os dados para obter melhores resultados e ele ficará feliz de investir esse tempo em você.

Reveja regularmente seu desempenho financeiro com seu chefe e seus subordinados. Se observar que uma determinada área não vai bem, analise o motivo e tome providências. Se houver um problema geral de desempenho, mas a causa não estiver clara, tente encontrar alguma hemorragia financeira. (Consulte o tópico "Pare a hemorragia financeira".) À medida que você analisar o relatório, pergunte-se: "Há alguma outra informação que poderia me ajudar?"

Peça ao pessoal do setor financeiro o que precisar para gerenciar melhor suas atividades. Eles vão querer ajudá-lo, porque o seu sucesso é o deles também.

Cuide do dinheiro da companhia como se fosse o seu

Cada centavo que a companhia gasta sai do mesmo pote que os bônus, os aumentos de salário e o salário-base que você recebe. Não gaste dinheiro em coisas que não darão retorno à empresa.

- Quando viajar, não fique no hotel mais caro da cidade e não peça lagosta no restaurante. Algumas companhias consideram isso um salário indireto. Mas, a menos que isso seja dito explicitamente, viaje como se estivesse gastando o seu salário. (Pode até ser que você descubra que pode viver de modo mais saudável se não fizer refeições caras, pois depois não terá que "suar" para perder os quilos adquiridos em cada viagem.)

- À noite, desligue as luzes, o computador e tudo que gaste eletricidade e dinheiro.

- Não requisite mais tecnologia do que necessita. Esqueça aquela mentalidade de que "ganha quem tem mais brinquedos". Recursos tecnológicos avançados podem ser sedutores, mas você não precisa de um laptop de última geração para executar o Microsoft Office.

- Você pode enviar aquele pacote pelo correio normal e não por Sedex? Você utilizaria o Sedex se tivesse que pagar do seu próprio bolso? Se a resposta for negativa, use um serviço mais barato.

Essas coisas podem parecer bobas, mas fazem muita diferença. Pense nisso. Se a margem de lucro da sua companhia for de 10% e o seu grupo economizar R$ 10 mil em despesas durante um ano, o impacto nos lucros será o mesmo de uma venda de R$ 100 mil. Seja implacável na eliminação de gastos desnecessários.

Gerencie de forma eficaz os riscos que você assume

Liderar um novo projeto pode ser uma boa maneira de ser reconhecido pela empresa e progredir. A diretoria sempre observa com atenção novas iniciativas, mas novos projetos sempre vêm acompanhados de um elemento de risco. Por definição, há uma série de incógnitas. Aprenda a gerenciar os riscos assumidos. Isso ajuda bastante a crescer profissionalmente.

Veja a seguir algumas maneiras eficazes de limitar os riscos de um novo projeto.

- Assegure-se de que sabe o que a sua empresa espera ganhar em troca ao assumir esse risco e quando. Pergunte ao seu chefe qual é o limite de risco aceitável. Quanto dinheiro a empresa pode apostar na nova iniciativa até você parar o empreendimento a tempo? Informe isso à sua equipe.

- Procure prever o máximo de cenários que puder, principalmente os mais onerosos ou prejudiciais. O que poderia dar errado? Que situações podem surgir que exijam uma resposta rápida? Qual é a probabilidade de elas acontecerem? Tente descobrir o que você não sabe. Pergunte a si mesmo: "E se?"

- Teste o seu plano. Encoraje as pessoas a contestarem os pressupostos nos quais você baseou seu raciocínio. Convidá-las a descobrir furos no seu plano ajudará você a torná-lo incontestável.

- Certifique-se de que todos entendem o que você está fazendo e por quê. A comunicação, mais uma vez, é fundamental para evitar problemas.

Estudos indicam que 46% dos gerentes e 36% dos diretores não se dão conta do risco financeiro ou operacional relacionado a novos investimentos. O gerenciamento eficaz dos riscos cria uma vantagem competitiva para você e para a sua empresa.

Aprenda com seus erros

Suponha que você enviou um relatório para a diretoria. Alguém pega um erro crasso nas projeções da sua equipe. De quem é a responsabilidade? Alguém imediatamente assume a culpa? Existe uma técnica para lidar com erros, não importa se foram cometidos por você ou pela equipe com quem trabalha.

Em primeiro lugar, controle os danos.

1. Reconheça o erro como se fosse seu.

2. Coloque o seu superior a par do assunto. Nunca deixe que ele saiba por terceiros. Avalie os danos e ofereça alternativas de solução.

3. Notifique imediatamente as pessoas afetadas. Peça desculpas e diga-lhes que você se empenhará para garantir que isso não torne a acontecer.

Como evitar que isso aconteça novamente? Responda estas perguntas:

1. O erro representa um transtorno individual ou um defeito no sistema?

2. É provável que aconteça novamente?

3. É possível aperfeiçoar o processo para garantir que não torne a acontecer?

4. Que treinamento ou comunicação ajudaria a corrigir esses erros futuramente?

Por último, encerre o assunto. Informe a todos que trabalham com você o que aconteceu e que modificações serão feitas para garantir que não aconteça novamente. É importante não acusar ninguém nesse momento, se o responsável pelo erro for alguém subordinado a você. Mas discutir o problema pode ajudar as pessoas a aprenderem, acabar com os receios e com a indústria de boatos.

Quando você lida com os erros com sabedoria, todo mundo aprende, os processos da empresa são aprimorados e a sua credibilidade sai fortalecida.

A força da gentileza

Um alto executivo chama de "fator gentileza" o motivo mais importante para o sucesso da empresa em que trabalha. A gentileza ajuda a fortalecer as relações dentro e fora da companhia.

Ser gentil não significa que você seja fraco ou incapaz de obter resultados. Também não quer dizer que você não consiga tomar decisões difíceis, mas que você sorri para as pessoas e as cumprimenta quando passa por elas no corredor. Você é imparcial quando as coisas saem errado. Você ri das piadas quando elas são engraçadas. Você pergunta como vai a família dos colegas quando se encontram no elevador. Você dá boa-noite às pessoas quando vai embora. Seja simpático com os colegas exatamente como é com os clientes.

Isso pode ajudar a encher um reservatório de boa vontade que pode vir a lhe ser útil um dia, além de tornar o trabalho uma experiência mais agradável. Ser gentil atrai as pessoas para você. Elas querem associar-se a você porque gostam do seu convívio. A gentileza é uma qualidade tremendamente subestimada para aumentar a harmonia e os bons resultados no trabalho.

FUNDAMENTO 6

Amplie a sua perspectiva de vida

Em ambientes voltados para resultados, é difícil ter uma perspectiva mais ampla de vida. É fácil ficarmos tão obcecados esvaziando a caixa de entrada de e-mails que deixamos de ter tempo para o que realmente importa na vida. A urgência se torna mania e a produtividade afunda. Estresse no ambiente de trabalho é um problema imenso.

Se você está estressado todo o tempo, é muito provável que não faça o seu trabalho tão bem como poderia. As regras deste capítulo ajudarão você a liberar a tensão e manter-se concentrado. Algumas pessoas vêem o fato de tirar um tempo para relaxar como comodismo. Na realidade, isso é algo obrigatório para o bem da sua saúde e carreira.

Quando tudo que você consegue ver é a sua caixa de entrada, está com uma perspectiva distorcida. O segredo é encontrar uma forma de obter uma perspectiva mais ampla para ver como suas ações, seu comportamento e seu raciocínio afetam sua qualidade de vida, seus relacionamentos e sua vida privada. Às vezes, é preciso subir até um plano mais alto para conseguir enxergar isso. É como escalar uma montanha para ver o vale lá embaixo. Quando você chega lá, o ar é fresco e a visão é ampla. Uma paisagem como essa pode ajudá-lo a se renovar.

Ampliar a sua perspectiva de vida é uma busca, não um evento. Esforce-se para ganhar perspectiva do mundo e sobre si mesmo. Procure experiências que alarguem sua visão de mundo. Isso lhe dará equilíbrio, reabastecerá seu espírito e o fará mais amigo de si mesmo e mais valioso para a empresa.

Saiba o que você quer

Não deixe que seus desejos sejam um mistério para você. Escreva seus objetivos e estabeleça um plano de ação para alcançá-los. Isso clareará seu raciocínio e o tornará mais responsável por si mesmo.

Pegue uma pilha de fichas e sente-se em uma mesa grande. Em cada ficha, escreva algo que você deseja ter em sua vida nos próximos cinco anos. Deseja passar mais tempo com seus filhos? Tirar férias exóticas? Aposentar-se mais cedo? Escreva todas elas – uma por ficha. Faça um inventário completo, não se imponha limites. Se você for casado, talvez queira fazer este exercício com sua esposa ou seu marido.

Em seguida, no canto superior direito, escreva um número de um a seis em cada ficha, em ordem crescente de importância. Tire os cincos e os seis e coloque-os na sua frente. Leia-os do princípio ao fim. Agora escolha os três mais importantes. Desses três, escolha o que é inegociável, aquele pelo qual você desistiria de tudo para ter. Coloque essa ficha no topo da pilha.

Na frente de cada uma das três fichas mais importantes, escreva uma frase que descreva com o que se parece a conquista desse objetivo. No verso, escreva quatro medidas que você tomará este ano para seguir rumo a essa visão. Esses objetivos principais, sua definição de sucesso e as medidas de ação serão a base do seu plano. Transfira-os para um documento de uma página e mantenha-o sempre com você. Reveja-o e ajuste-o a cada ano.

Seus objetivos e suas prioridades mudarão com o tempo. Sempre mantenha seus objetivos atuais em uma única folha de papel com você. Isso desmistifica o futuro e ajudará você a manter-se nos trilhos e obter o que deseja.

As adversidades nos fortalecem

Quando eu tinha 25 anos, fui eleito para a Assembléia Estadual de Nova York. Um dos privilégios de ter uma cadeira na Assembléia Legislativa era ganhar uma placa de carro indicando que você é um membro da casa. Eu adorava aquela placa especial. Dois anos depois, concorrendo à reeleição em 1974, eu fui um dos que foram expulsos dos gabinetes pela vassoura do caso Watergate. Mantive minha placa até o último momento, o dia em que ela tinha que ser devolvida. Ela havia se tornado um símbolo do que eu era. Entregar aquela placa representava minha perda de status na comunidade. Eu estava cheio de dúvidas quanto a mim mesmo.

Aos 27, tinha aprendido uma das lições mais importantes da vida. Nós não somos o que fazemos. Somos muito mais que isso. Cada um de nós tem uma combinação única de crenças, valores, experiências, conhecimento e potencial. Sou um marido carinhoso, um pai dedicado, um bom amigo e um profissional trabalhador que procura fazer o que é certo. Adoro a natureza e a jardinagem. Isso é mais que um conjunto de características sem valor. São coisas que ninguém pode me tirar.

Adversidades acontecem, mas podemos superá-las. Eu me esforcei ao máximo para aprender tudo que podia desse evento. Obriguei-me a pensar sobre quem eu era e o que tinha a oferecer – meu valor inato e permanente. Isso me deixou mais forte e até mais feliz. No final, aprendi a definir a mim mesmo e a não deixar que os outros o façam por mim. E sou agradecido por isso.

Evite a arrogância – ninguém faz nada sozinho

A arrogância pode atrapalhar a sua relação com as pessoas ao seu redor. É o equivalente dos antolhos no aprendizado. A verdade é que, direta ou indiretamente, somos ajudados por pessoas durante nossa vida inteira, não importa o quão independentes nos consideremos. Evite pensar que você é melhor que os outros. Não caia nessa armadilha.

Muitas pessoas na empresa fazem coisas para você todos os dias. Geralmente, coisas que você não faz bem. Agora pense nas outras pessoas que o apoiaram durante a sua vida e a sua carreira: seus pais, os professores que o ajudaram a perceber e atingir seu potencial, os chefes que se arriscaram e lhe deram aquela oportunidade de desenvolvimento. Todos fazem parte do seu sucesso. Ninguém faz isso sozinho.

Tenha em mente o quanto você depende das outras pessoas na sua empresa. Agradeça-lhes freqüentemente. Você não estaria onde está hoje sem elas.

Reconheça suas limitações

O presidente de uma empresa disse uma vez que o seu ponto forte era a capacidade de definir uma visão para o futuro da empresa e de estimular as pessoas rumo a essa visão. "E quais eram seus pontos fracos?", perguntaram-lhe. Ele riu e disse que era péssimo para fazer planejamentos detalhados – na verdade, detestava fazê-los – e que, durante toda a carreira, sempre deu um jeito para que houvesse em sua equipe um perito nessa área.

Todos os presidentes, executivos e gerentes têm limitações. Um profissional excelente conhece seus pontos fracos e procura soluções inteligentes para resolvê-los. Isso demonstra duas coisas: ele é honesto consigo mesmo e com os outros e tem confiança suficiente para reconhecer que não é o melhor em tudo.

Todos nós temos diferentes talentos e habilidades. Assim como temos limitações. Esse é o mundo real. Conheça seus pontos fortes e fracos. Isso permitirá que você otimize seus pontos fortes, aperfeiçoe os pontos fracos e receba o suporte adequado dos membros da sua equipe.

Não desperdice energia tentando fazer com que os outros pensem que você sabe tudo. Eles não acreditarão. Não há nada de errado em admitir que é humano.

Saiba quando é hora de respirar fundo

Prazos de entrega apertados, expectativas crescentes dos clientes e disputas internas – tudo contribui para termos dias estressantes. Nesses momentos, respire fundo e procure ter uma visão mais clara do que está acontecendo.

Quando se sentir agredido, zangado ou na defensiva, não imploda de raiva. Isso pode acabar com a sua carreira. Se você se pegar pensando: "Não preciso deste emprego. Nada justifica isso", recue. Você pode até estar certo, mas não poderá tomar uma decisão sensata enquanto estiver nesse estado de espírito. Respire fundo. Prometa a si mesmo que só pensará sobre esse assunto depois que as coisas se acalmarem.

Em seguida:

- Lembre-se do que você está tentando realizar e concentre-se em encontrar soluções.
- Mantenha as pessoas à sua volta pensando positivamente para que consigam superar seus desafios.
- Se possível, faça com que elas riam – é uma forma excelente de relaxar a tensão.
- Pergunte a si mesmo: o que está me chateando hoje terá importância daqui a seis meses? Ou seis semanas?

Lembre-se que há um mundo lá fora que continuará girando mesmo que você cometa um erro.

Nesses dias, nunca:

- Culpe outras pessoas por baixo desempenho.
- Grite com um colega ou alguém da equipe.
- Coloque seus sentimentos por escrito, como em um e-mail.
- Diga a um colega que você se demitirá se esse tipo de coisa continuar acontecendo.
- Tome decisões impulsivas.

O que pode parecer uma emergência agora é apenas um momento no curso de uma vida inteira. Nessas horas, não faça nada que possa prejudicar sua carreira. Em vez disso, demonstre ser uma pessoa que mantém a mente clara e uma perspectiva positiva nos momentos difíceis.

Arrume espaço para todas as partes da sua vida

O sucesso dentro de qualquer empresa requer um alto nível de confiança, estabilidade e resistência. Essas três características ajudarão você na hora de assumir riscos e dar duro para que o trabalho seja feito corretamente. No entanto, para continuar na crista da onda, você precisa recarregar suas baterias durante o tempo que passa fora do escritório.

Reserve um tempo para as pessoas que ama: esposa, filhos, pais ou amigos. Não abra mão desse tempo. Suas relações pessoais servem de combustível para revitalizá-lo. Elas incentivam você a lembrar-se de quem é e o quanto vale. É por elas que você assume responsabilidades e se mantém honesto.

Mas também não se negligencie. Passe um tempo no jardim, na cozinha ou na biblioteca – o que reenergizar você. Saiba quais atividades recarregam suas baterias e não deixe de praticá-las. Isso é fundamental. Ignorar isso é como dizer que você está muito ocupado para dormir. Mais cedo ou mais tarde estará exausto demais para fazer qualquer coisa. Invista um tempo em sua saúde. Faça ginástica, alimente-se de forma saudável, durma o suficiente e vá ao médico quando precisar. Cuidar de si mesmo é um investimento prático em seu sucesso e, principalmente, na sua felicidade.

Faça trabalho voluntário

O trabalho voluntário alarga suas perspectivas, aproxima você de pessoas ativas, desenvolve suas habilidades e ajuda a comunidade. É bom para você de muitas formas que vão além de simplesmente sentir-se bem consigo mesmo. Como identificar uma oportunidade de trabalho voluntário que valha a pena? Ela deve oferecer-lhe a chance de desenvolver novas habilidades, ter uma missão que seja importante para você ou dar-lhe a oportunidade de construir relações.

Assuma seu papel com seriedade e encare-o com profissionalismo. Faça o máximo que o tempo permitir — você dará a melhor contribuição possível e aprenderá muito. Prepare-se para as reuniões. Gere confiança e credibilidade com a obtenção de resultados. Ajude a organização a atingir seus objetivos.

Liste as habilidades que você pode praticar em encontros de voluntários, como, por exemplo, falar em público e gerenciar reuniões. Busque situações que o incentivem a usá-las. O trabalho voluntário permite que você se aperfeiçoe ajudando outras pessoas. Aproveite essa oportunidade ao máximo.

O trabalho voluntário expõe você a coisas que você não costuma ver no seu dia-a-dia. Ele expande o seu círculo social e o torna uma pessoa mais interessante. Tome esta iniciativa pelos motivos certos e o trabalho voluntário poderá ser uma experiência valiosa para você e para a comunidade.

Não tenha medo de dizer que não sabe

Negócios envolvem constantemente a confrontação com novas situações, problemas complicados e questões que simplesmente não têm resposta. A incerteza pode deixá-lo louco se você não aceitar o fato de que o mundo dos negócios nem sempre pode ser entendido. Em vez de preto e branco, há muito cinza. As coisas podem parecer confusas na área cinza, mas você precisa aprender a não se incomodar com isso porque o seu incômodo não muda nada.

Quanto mais alto você estiver em uma empresa, mais terá que lidar com as áreas cinzas inerentes a decisões com amplas implicações. As respostas demoram a chegar e os julgamentos precisam ser feitos sem que todos os fatos necessários estejam à sua disposição. Os líderes precisam saber conviver com a ambigüidade. Precisam acreditar que, não importa o que aconteça, eles serão capazes de resolver os problemas e desafios. Precisam aprender a pedir ajuda quando precisarem. Faz parte do trabalho.

O importante é enfrentar as incertezas com a cabeça erguida. É melhor dizer "Não sei" ou "Não estou conseguindo definir esse problema" do que fingir que tudo está claro e transparente. Respire fundo. Obtenha todas as informações que puder e peça ajuda quando precisar. Use o seu bom senso e confie nele. Lembre-se: tomar uma decisão de uma forma ou de outra é muito melhor do que não tomar decisão nenhuma.

Nada nem ninguém pode afetá-lo negativamente

Um dia, um homem fundou uma companhia do nada e a transformou em uma das maiores empresas dos Estados Unidos. No decorrer de muitas transições desafiadoras, ele nunca perdeu o foco. O que deu a ele a confiança para insistir quando muitos já teriam desistido? Anos de condicionamento mental.

Ele edificou sua atitude sobre o sucesso, tijolo a tijolo. Sabia que haveria pessoas que fariam pouco caso dele, por isso se preparou para não levar as opiniões dos outros para o lado pessoal. Sabia que haveria distrações e retrocessos, por isso desenvolveu sua concentração. Ele adotou uma frase que expressava sua filosofia: "Nada nem ninguém pode afetar-me negativamente."

Sua filosofia era sobre o poder pessoal. Ele podia escolher a forma como veria a vida. Os outros só poderiam mudar sua opinião de si mesmo se ele permitisse, e ele optou por não permitir. Ele definia a vida dele. Ele controlava o destino dele.

Você tem a mesma opção e o mesmo poder. Pode optar por não permitir que as outras pessoas o tirem do caminho. Faça a escolha agora mesmo para progredir. Isso requer condicionamento e comprometimento. Esse homem não acordou simplesmente um dia com a força interior e a perspectiva de realizar tudo o que fez. Ele se esforçou para conseguir isso. Você precisa fazer o mesmo.

Escreva a frase "Nada nem ninguém pode afetar-me negativamente" em um pedaço de papel. Coloque-o em algum lugar próximo à sua mesa onde você possa vê-lo. Deixe que ele lembre a você a sua força pessoal quando alguém o humilhar de modo impensado ou a pressão de um prazo de entrega estiver parecendo pesar uma tonelada sobre seus ombros. Mantenha sempre uma atitude positiva.

O poder dos fundamentos é que, se você trabalhar duro neles, conquistará o direito de controlar seu próprio destino. É o que desejo que aconteça com você.

Sobre o autor

Stuart R. Levine é presidente da Stuart Levine & Associates LLC, uma multinacional de consultoria e treinamento que ajuda executivos a obterem sucesso através da prática dos fundamentos apresentados neste livro.

Entre seus clientes estão a Microsoft, Cablevision, Symbol Technologies, Vytra Health Plans, Thomas Register e a Previdência Social norte-americana. Como ex-presidente da Dale Carnegie & Associates, Inc., Levine recebeu o prêmio Empresário do Ano em 1995 na categoria Liderança, oferecido pela Ernst & Young e pela revista *Inc.* Em 1999, recebeu o prêmio Inovador do Ano, da PricewaterhouseCoopers, pelo seu programa de treinamento de executivos da TechnoBridge™, dirigido a profissionais de tecnologia.

Ele partilhou com Michael A. Crom a autoria do best-seller internacional *O líder em você*, publicado em mais de 22 idiomas. Também contribuiu para o *Management 21C*, eleito pela Amazon.com na Inglaterra como o melhor livro de negócios de 1999.

Levine ocupa a função de diretor-chefe da Gentiva Health Services. Ele também é diretor da North Shore-Long Island Jewish Health System, do American College of Physicians-American Society of Internal Medicine Foundation (ACP-ASIM) e da Nature Conservancy. É ex-diretor do Dowling College e já foi membro da Assembléia Estadual de Nova York.

Ele vive em Long Island, Nova York, com a esposa Harriet e seus dois filhos, Jesse e Elizabeth.

CONHEÇA OUTROS TÍTULOS DA EDITORA SEXTANTE

Richard L. Williams
Preciso saber se estou indo bem!

Imagine como seria se você passasse a ser totalmente ignorado em casa ou no trabalho – sem orientações, elogios ou críticas pelas coisas que faz. Esse livro ilustra a importância do feedback através de uma história simples, baseada em pessoas reais que o autor conheceu ao longo de sua carreira como professor e consultor.

Escrito de maneira dinâmica e repleto de estratégias, ele apresenta os quatro tipos de feedback – positivo, corretivo, ofensivo e insignificante –, ensinando quando usar os dois primeiros e como evitar os outros, para ajudar você a conquistar mais qualidade em suas relações, estimulando a iniciativa, a responsabilidade e a lealdade entre as pessoas à sua volta.

John G. Miller
Você é mais capaz do que pensa

Com quase vinte anos de experiência na área de treinamento, John G. Miller desenvolveu um método fantástico para virar pelo avesso essa maneira de pensar: devemos fazer perguntas melhores para fazer escolhas melhores.

Em vez de começar as perguntas com Por que, Quando e Quem, precisamos voltar a atenção para as nossas capacidades individuais e perguntar: "Em que eu posso contribuir?" e "Como eu consigo fazer alguma diferença?". Lançando mão de histórias leves e capítulos curtos, o autor mostra como nos tornar mais eficientes e bem-sucedidos ao aplicar a noção da responsabilidade pessoal no nosso dia-a-dia.

James C. Hunter

O monge e o executivo

John Daily é um executivo bem-sucedido que, de repente, percebe que vem fracassando como chefe, marido e pai. Em busca de um novo caminho para sua vida, ele decide participar por uma semana de um retiro num mosteiro beneditino.

Lá encontra Leonard Hoffman, um dos mais influentes e bem-sucedidos empresários americanos, que resolveu largar tudo para ir em busca da verdadeira essência da vida. Nesse livro extremamente envolvente, você vai aprender, junto com John Daily, princípios de liderança fundamentais para construir uma carreira de sucesso e uma vida em plena harmonia com as pessoas à sua volta.

Álex Rovira e Fernando Trías de Bes

A Boa Sorte

Se você sempre acreditou que a sorte é uma questão de acaso, esse livro vai fazer você rever esse conceito e trará uma grande transformação em sua vida. Nessa fábula de linguagem cativante e inspiradora há uma lição simples mas profundamente significativa: a sorte nada tem a ver com um acontecimento fortuito – cabe a nós criarmos as condições para que ela aconteça em nossa vida.

Publicada em mais de sessenta países e comparada com clássicos como *O alquimista* e *Quem mexeu no meu queijo?*, essa fábula mostra como criar as condições favoráveis para que a boa sorte chegue a você mesmo nas circunstâncias mais difíceis.

Jan Carlzon
A hora da verdade

Lançado originalmente nos anos 1980, *A hora da verdade* é um clássico e um dos mais importantes livros de negócios de todos os tempos. Ele apresenta o relato da extraordinária experiência de Jan Carlzon, que criou um modelo inédito de administração, mudando os rumos da gestão empresarial e revolucionando o conceito de liderança.

Com seu estilo acessível, Carlzon apresenta em detalhes sua ousada abordagem para prosperar numa economia voltada para os clientes: como definir uma estratégia, como estruturar uma organização para que as necessidades dos clientes tenham prioridade, como motivar e se comunicar com a equipe da linha de frente.

Jonathon Lazear
O homem que confundiu seu trabalho com a vida

Se o trabalho assumiu um papel tão preponderante na sua vida que tudo mais ficou em segundo plano e você anda se perguntando se isso realmente vale a pena, irá encontrar na experiência de Jonathon Lazear a indicação de novos caminhos rumo à felicidade e à realização.

O vício de trabalho é uma armadilha que vai minando suas forças e fazendo com que você se isole da família e dos amigos. Lazear só percebeu o que estava perdendo quando já era quase tarde demais. Mas ele conseguiu mudar e mostra aqui como você pode fazer o mesmo.

Stephen Covey

Princípios essenciais das pessoas altamente eficazes

Com mais de 15 milhões de exemplares vendidos em todo o mundo, *Os 7 hábitos das pessoas altamente eficazes* se tornou um dos livros mais influentes dos últimos tempos.

Para iluminar os princípios dos *7 hábitos*, Stephen Covey reuniu nesse livro a sabedoria de grandes pensadores, idéias inspiradoras que podem nos ajudar a realizar nosso potencial, influenciando positivamente o resultado de cada dia.

David Niven

Os 100 segredos das pessoas de sucesso

Baseado em centenas de estudos científicos, o psicólogo e cientista social Dr. David Niven organizou a lista dos 100 segredos mais simples que podem nos ajudar a ser bem-sucedidos.

Nesse livro, ele se debruça sobre as pesquisas que identificaram as práticas, princípios e crenças necessários para se ter sucesso. De forma simples e agradável, apresenta em cada capítulo uma dessas conclusões, acompanhada de um exemplo real e de um conselho que você deve colocar em prática se quer realmente "chegar lá".

Bob Nelson

Faça o que tem de ser feito

A mensagem desse livro é simples mas poderosa: fazer o que precisa ser feito, e não apenas o que lhe pedem, é a marca registrada da excelência profissional. Esta é a postura que devemos adotar para crescer e nos realizarmos profissionalmente.

Atender a um cliente, solucionar um problema, ajudar um colega de trabalho, dar uma sugestão para economizar dinheiro, desenvolver uma idéia ou aprimorar um processo são ações esperadas de cada pessoa a partir do momento em que é contratada.

Tim Sanders

O amor é a melhor estratégia

Tim Sanders criou um método revolucionário, que vai mudar sua forma de ver o mundo e abrir novas e promissoras perspectivas para a sua vida. Para ele, não é preciso matar ou morrer para ter sucesso. O amor é a melhor estratégia para quem quer construir um futuro melhor.

A mágica está na simplicidade de seu método, apoiado em três pilares: *conhecimento* (que você acumula com sua experiência e, principalmente, através da leitura), *rede de relacionamentos* (os amigos e contatos que já possui, mas que tem de cultivar) e *compaixão* (o calor humano que é capaz de transmitir aos outros).

Margot Morrell e Stephanie Capparell

Shackleton – Uma lição de coragem

Shackleton já foi chamado de "o maior líder que jamais surgiu nesta terra de Deus". Esse livro revela com riqueza de detalhes a grandeza do homem que conseguiu transformar sua malsucedida expedição à Antártida numa história de resistência heróica. *Shackleton – Uma lição de coragem* é um relato inspirador sobre como ajudar cada pessoa a alcançar o melhor de si mesma e a realizar o que alguns encaram como tarefa impossível.

Roger Merril e Rebecca Merrill

Questões fundamentais da vida

O trabalho é fundamental. A família é fundamental. O tempo é fundamental. O dinheiro é fundamental. Mas o verdadeiro desafio para quem deseja ter qualidade de vida é alcançar o sucesso em cada uma dessas áreas.

Muitas pessoas acreditam que é impossível se dedicar à família e, ao mesmo tempo, ser um excelente profissional. Nesse livro inovador, você vai descobrir como isso é possível, além de aprender métodos práticos que lhe permitirão priorizar os laços familiares, solucionar o dilema entre a necessidade de concentrar-se em uma tarefa e a de reagir ao que está ao seu redor e muito mais.

SUDOKU

Você já jogou SUDOKU? Ainda não??? Pois não sabe o que está perdendo!

Se você começar não vai mais querer parar!!!!

	8		2					4
	6				5	9	2	
	9	2			4		3	
2				5	7	1	8	
3	1		9					
7	5				3	4		
		1	4	7				
6	3	5	1					
					6			8

Nº 26

VERUS editora

SICILIANO www.siciliano.com.br

Confira a solução na página 131 do livro **SUDOKU** PUZZLES 100 **vol. 2** e aproveite para jogar mais em **www.siciliano.com.br/sudoku**

CHEGOU O VOLUME 2!

NOVA MANIA MUNDIAL

O QUE É E COMO JOGAR

- O jogo é constituído de 81 quadrados numa grade de 9 x 9 quadrados, subdividida em 9 grades menores de 3 x 3 quadrados;
- Cada fileira (vertical e horizontal) deve conter números de 1 a 9;
- Cada grade menor, de 3 x 3 quadrados, deve conter números de 1 a 9;
- Nas fileiras horizontais e verticais da grade maior, cada número pode aparecer uma só vez;
- Em resumo, o objetivo é preencher cada quadrado com um número de 1 a 9, considerando que o número não pode ser repetido nem na horizontal, nem na vertical, nem na grade menor.

CORRA ANTES QUE ESGOTE!!!

CONHEÇA OS 30 CLÁSSICOS
DA EDITORA SEXTANTE

O Código Da Vinci, *Anjos e Demônios* e *Fortaleza Digital*, de Dan Brown

Pais brilhantes, professores fascinantes, *Nunca desista de seus sonhos* e *Você é insubstituível*, de Augusto Cury

O monge e o executivo, de James C. Hunter

Um dia "daqueles", *O sentido da vida* e *Querida mamãe, obrigado por tudo*, de Bradley Trevor Greive

Por que os homens fazem sexo e as mulheres fazem amor?, de Allan e Barbara Pease

Os 100 segredos das pessoas felizes e *Os 100 segredos das pessoas de sucesso*, de David Niven

Enquanto o amor não vem, de Iyanla Vanzant

A última grande lição e *As cinco pessoas que você encontra no céu*, de Mitch Albom

A Dieta de South Beach, de Arthur Agatston

O ócio criativo, de Domenico De Masi

Não leve a vida tão a sério, de Hugh Prather

O Poder do Agora, de Eckhart Tolle

A vida é bela, de Dominique Glocheux

Palavras de sabedoria e *O caminho da tranqüilidade*, de Sua Santidade, o Dalai-Lama

Muitas vidas, muitos mestres e *Só o amor é real*, de Brian Weiss

Histórias para aquecer o coração, de Jack Canfield e Mark V. Hansen

Conversando com os espíritos, de James Van Praagh

Aprendendo a gostar de si mesmo, de Louise Hay

Mantenha o seu cérebro vivo, de Lawrence Katz e Manning Rubin

Aprendendo a silenciar a mente, de Osho

INFORMAÇÕES SOBRE OS PRÓXIMOS LANÇAMENTOS

Para receber informações sobre os lançamentos da
EDITORA SEXTANTE, basta enviar um e-mail para
atendimento@esextante.com.br
ou cadastrar-se diretamente no site
www.sextante.com.br

Para saber mais sobre nossos títulos e autores, e enviar
seus comentários sobre este livro, visite o nosso site:
www.sextante.com.br

EDITORA SEXTANTE
Rua Voluntários da Pátria, 45 / 1.404 – Botafogo
Rio de Janeiro – RJ – 22270-000 – Brasil
Telefone: (21) 2286-9944 – Fax: (21) 2286-9244
E-mail: atendimento@esextante.com.br